同理力！

體察他人需求，
成就更好人際關係

開口前先切換角色，同理對方需求，
贏得信任與認同

榮律

EMPATHY

人際交往有技巧，換位思考是關鍵
從理解開始，讓關係更緊密
好人緣不是天生，祕訣在於懂他人
讀懂人心，才能說進心坎裡！

徐文 著

目錄

序言

第一章　從處世細節，看見一個人的格局

　　換位思考：成功的心態與技巧　　011

　　用心安慰他人，贏得人際信任　　015

　　小智取勝，大德致勝　　018

　　打造無懈可擊的個人魅力　　021

　　擁有愛，讓成功變得更簡單　　024

　　誠實是最強的智慧武器　　027

　　以忠誠樹立人脈　　030

　　了解他人需求，打破溝通壁壘　　033

　　先給予，後得到的智慧　　038

　　包容他人過失，建立和諧關係　　041

目錄

第二章　學會換位思考,贏得更多好感

給予他人面子,提升自我價值　047
站在他人角度,深刻理解需求　052
讓肯定的語言點亮他人心靈　057
激發對方動力,創造正面影響　061
讚美他人,搭建信任橋樑　066
記住名字,拉近彼此距離　071
讓對方多談自己,建立共鳴　074
傾聽的力量,遠勝於自說自話　077
創意引領對話,觸動心弦　081
適度放下,獲得更多　084

第三章　換位思考的力量,讓人際關係更順暢

誠信為本,築牢人際基礎　091
打造理想的人脈圈　095
說謊能否美化關係?　099
經常交往,建立深厚人脈　102
偶爾附和,維持和諧關係　105

禮貌為先，讓關係更圓滑	108
傾注熱情，換取真誠回報	111
靈活轉變，讓目標更易達成	113
轉換思路，事半功倍	117

第四章　用換位思考提升說服的效果

先反思自己，再理解他人	123
點到為止，言簡意賅	127
暗示批評，讓對方更易接受	130
溫和批評，收獲更多理解	134
巧妙言辭，讓批評更具分量	136
精心策劃忠告，避免強加	138
講話直達人心，激發共鳴	142
委婉拒絕，讓對方心情愉快	146
掌握時機，達到最佳說服效果	149
調整對方標準，促進共識	151
用利益說服，讓對方為之動心	154
真誠勸說，建立長期信任	159

目錄

第五章 掌握換位思考，細節決定成敗

理直氣和，不可偏激　　　　　　　165

少用「應該」，保持靈活　　　　　168

直率要有分寸，避免冒犯　　　　　173

得體的問候，拉近彼此距離　　　　177

禮多人不怪，分寸最重要　　　　　179

謹慎避開交往禁忌　　　　　　　　181

避免讓對話陷入尷尬　　　　　　　183

玩笑需適度，保持風度　　　　　　185

問號拉近人心，驚嘆號造成距離　　189

寬容待人，才能贏得尊重　　　　　194

序言

　　做人是一門大學問，有的人用盡畢生精力也未必能洞察其中奧祕。這正是有人活得瀟灑，有人活得累的原因所在。

　　做人固然不能玩世不恭、遊戲人生，但也不能太認真、不知變通。很多時候，我們需要學會換位思考，站在別人的角度想。肉眼看到的鏡子很平，但在高倍放大鏡下，鏡面其實凹凸不平；肉眼覺得很乾淨的東西，拿到顯微鏡下，滿眼都是細菌。試想，如果我們帶著放大鏡、顯微鏡生活，恐怕日子過不下去；如果用放大鏡去看他人的缺點，恐怕那人就該天誅地滅了。若凡事只有自己的看法，就會對什麼事情都看不慣，容不下其他人，造成自己與社會的隔絕。

　　有位女士總抱怨她家附近雜貨店的女店員態度不好，後來無意中得知女店員的遭遇：丈夫外遇，母親癱瘓在床，上國中的女兒經常生病；她是家裡唯一的經濟來源，薪水每月只有 25,000 元；兩代人擠在不到 5 坪的房間裡……這樣的境遇，她怎麼能笑得出來呢？

　　這位女士從此不僅不再計較女店員的態度，還想助她一臂之力。

序言

　　做人就應該知道自己什麼該做、什麼不該做；知道什麼事情應該認真，什麼事情可以一笑置之。我們若能有明確的目標，就能挪出更多的時間和精力，全力以赴地去做該做的事，其結果自然事半功倍，朋友也會越來越多，事業也會蒸蒸日上。

　　這個世界很多的糾紛與不和諧都是因為一些人太過自我，不懂得站在對方立場上去思考問題，導致關係緊繃、新仇加上舊恨、問題難以解決。當自己與他人的意見出現分歧時，應該認真思考，找出自己思維的局限性。即使真的是別人的錯，也不必當面讓別人難堪，這樣會讓你擁有更多的朋友。

　　帶著放大鏡去看別人的缺點，猶如雞蛋裡挑骨頭。生活本就繁瑣，凡事不必太斤斤計較，學會求同存異，有度量，能包容，你會發現諸事順遂。要想真正地做到豁達，就需要有良好的修養，能善解人意，己所不欲，勿施於人，多設身處地地為他人考慮，多些體諒和包容，少些苛責和強求，生活會更加和諧。

　　願這本書能夠帶給讀者朋友一些人生的思考和助益。

第一章

從處世細節,看見一個人的格局

第一章　從處世細節，看見一個人的格局

　　古今中外，凡能成大事者，必定不拘小節，心胸豁達，能忍不能忍之事。人非聖賢，孰能無過。

　　盡量寬恕對方的過錯，惟有這樣，你的心胸才會越來越廣，你離成功才會越來越近。

換位思考：成功的心態與技巧

這裡的換位，有兩種意思。

第一種是簡單的、字面上的換位。如果你能在話語中巧妙運用換位的方法，往往會有意想不到的效果。

有一天，一位年輕的畫家去拜訪德國著名畫家門采爾，向他訴苦道：「我真不明白，為什麼我只需要一天時間便可以畫好一幅畫，可是要花上整整一年才能把它賣掉？」

門采爾聽了後，笑著說：「親愛的朋友，解決這個問題很簡單，請你倒過來試試：如果你能花上一年的時間來完成一幅畫，那麼你可能一天就能把它賣掉。」

這個故事就說明了簡單的換位。繪畫的技術不是三言兩語就可以講得清楚的，面對前來拜訪的陌生人，即使說得再多也是徒勞。門采爾很清楚這一點，所以他沒有簡單教年輕人繪畫技巧，而是把年輕人的話巧妙地做了換位。本來一天畫畫，一年來賣，換成一年畫畫，一天來賣，看似簡單的

第一章　從處世細節,看見一個人的格局

調換,實則勸導年輕人要在繪畫上多下功夫,這樣才能有出路。

這樣的換位看似簡單,但是產生的力量卻不容小覷。

另一種換位則是換位思考,即多站在別人的角度去思考問題。

卡內基(Dale Carnegie)每季都要租用紐約某家旅館的大禮堂 20 個晚上,用來講授社交課程。

有一次,當他做好授課的準備,卻忽然接到通知,旅館的經理要求調漲禮堂的租金,而且是調漲到原本的三倍。但是當時入場券已經印好,而且早就寄出去了,而且,其他課程的事宜也都準備妥當。他得去和旅館經理交涉。怎樣才能讓對方退讓呢?

兩天以後,他去找經理說:「我接到你們的通知時,有點震驚。不過,這不怪你,如果我處在你的立場,或許也會寫出同樣的通知書。你身為這家旅館的經理,你的責任是讓旅館盡可能地得到更多的收益,不這麼做的話,你的經理職位可能就不保了。假如你堅持要增加租金,那麼讓我們來評估一下,這樣對你到底是有利還是不利?

先講有利的一面。大禮堂不被租用作為講堂,而是租給用來舉辦舞會、晚會活動的公司,那你絕對可以獲得較高收

益。因為舉辦這一類活動的時間並不長,所以他們願意每一次都支付高額的租金,比我所能支付的金額當然要多得多,租給我,顯然你吃大虧了。

現在,來說不利的那一面。首先,你雖提高了我的租金,實際上卻降低了你的收入。因為這樣做就等於你把我趕走了。而由於我付不起你所要的租金,我勢必要把錢花到別的地方去。還有一個對你不利的事實。這個訓練班將吸引成千上萬具有文化素養的中高層管理人員到你的旅館來聽課,對你來說,這難道不是個不用花錢的活廣告嗎?事實上,你花 5,000 塊在報紙上登廣告,也不一定能邀請到這麼多人親自到你的旅館來參觀,但我的訓練班卻全幫你邀請來了。這難道不划算嗎?」

講完後,卡內基說:「請仔細考慮後再答覆我。」最後,經理讓步了。卡內基在獲得成功的過程中,沒有說到一句關於他要什麼的話,他完全是站在對方的角度想問題的。

可以假設,如果他怒氣沖沖地跑進經理辦公室,扯著嗓子叫道:「這是什麼意思!你知道我把入場券都印好了,而且已經都寄出去了,開課的相關事項也都準備就緒了,你卻要增加三倍的租金。這不是存心整人嗎?三倍!好大的口氣!你有病嗎?我才不付呢!」

第一章　從處世細節，看見一個人的格局

　　想想，那又該是怎樣的場面呢？大吵之下課程必然無法舉辦，而即使他能夠辯贏對方，旅館經理出於自尊心也很難向他認錯，收回原意就更不可能了。

　　設身處地地替別人著想，了解別人的觀點比一味為自己的利益和對方爭辯要高明得多。這更是一個人胸襟和格局的表現。

用心安慰他人，贏得人際信任

人生不如意之事十有八九，有人失業，有人失戀，有人離婚，有人生病，還有人突遭意外，這些都需要親友的安慰。當你發自內心地想安慰對方的時候，一定要為他人的感受著想，不要讓對方覺得你是幸災樂禍，或者幫倒忙。

有一次，一個劇團在展覽館劇場表演，以話劇和相聲混搭的方式，為觀眾演繹從清朝到民國以來各個時期、各種風格的相聲。有些觀眾可能還不習慣這種創新表演，演出中途頻頻大喊「要聽相聲！」表示抗議。這讓正在表演的演員既尷尬又難過。主辦人為了安慰說：「我知道只是少數人在起鬨，大部分觀眾都真的喜歡聽相聲。接下來你們想聽誰的，我就讓誰說。」

主辦人還安慰觀眾道：「今晚，一定會讓大家滿意。為了這場演出，演員們好幾晚沒睡，就是想讓大家知道相聲的發展歷史。」

第一章　從處世細節，看見一個人的格局

　　在說明過程中，主辦人「軟硬兼施」，也有「嚴厲」的時候：「幾個人不愛看，就瞎起鬨，再這麼鬧就請出去！」這番話並沒有惹惱觀眾，反而讓全場恢復了秩序，繼續把接下來的相聲演出看完。

　　歌手張惠妹參加綜藝節目錄製的時候，回憶起自己去世的父親，特別是說到自己連最後一面都沒有見到的時候，哭得很傷心。張惠妹本是故事主角，卻極力控制情緒，反而是主持人藍心湄一把鼻涕一把眼淚，哭得比張惠妹還慘，反過來還要張惠妹安慰。其實，藍心湄具有同理心的做法，至少不會讓張惠妹陷進內疚的情緒裡不可自拔。

　　在生活中，當你的朋友有了另一半，你可能充當和事佬的角色。她和男友吵架了，找你傾訴，這時候你說話可要講究技巧，要讓她在最短的時間裡消氣。男人和女人在婚姻裡是不可能沒有摩擦的，要是說兩方一輩子相敬如賓，從來沒有爭執過，那簡直是不可能。所以，夫妻吵架是正常的，而且夫妻之間的感情沒有明確的是非邏輯，很難弄清楚，勸架者千萬不可積極投入。俗話說「清官難斷家務事」，勸架者應注意平息「戰事」，如果出於「義憤」、「拔刀相助」，不僅會引起夫妻的反感，而且當夫妻和好時，勸架者的處境會很尷尬。

　　安慰別人的關鍵就在於讓對方發洩出來，你可以作為一

個傾聽者,等他說完了,問問他「你需要我怎麼做?」或者是「我要怎麼幫你呢?」這類話即可。這個時候他最需要的就是有一個人能聽他說說自己的委屈。在傾聽的同時你可以順應他的感受來回答他的問題,表達自己對他的同理心,鼓勵他說出來,而不是指導他該怎麼做,你只需在他詢問時,提出建議即可。

第一章　從處世細節，看見一個人的格局

小智取勝，大德致勝

　　有人說過：「小勝憑智，大勝靠德。」看似簡單的一句話，實際包含了很多的人生哲理。

　　有些人或許會不以為然，覺得在當今社會，成功主要看個人的智慧、眼光和機遇。當然，我們不能否認智慧、眼光和機遇對一個人的發展所造成的影響，但這一切都應該建立在擁有良好道德的基礎之上。一個道德敗壞的人，每天只想著如何去害人，即使智商再高，也無法讓自己擁有長久的成功和幸福。那些受人尊重、獲得巨大成功的人都是有著良好道德素養的人：稻盛和夫、比爾蓋茲（William Henry Gates III）、巴菲特（Warren Edward Buffett）、李嘉誠、馬雲……古今中外的成功者無能例外。只有那些具備良好道德素養和社會責任感的人，才能獲得長久的成功，才能讓自己的事業長盛不衰。

　　張凱是一家電器工廠的員工，生活並不富裕。一天，一

位高中同學找上他,說自己在外地做生意賺了一些錢,這次回鄉探親得知張凱生活拮据,想幫張凱做點事業。他們隨後在市區租下了一個大的店面,打算開家餐廳。但是同學因為在外地還有很多生意需要照顧,留下資金後就回去了,裝修的事情全部交給了張凱。

有一天晚上,張凱回到家後,妻子興高采烈地告訴他,有個裝潢公司的經理送來了1萬塊,還留下了一張名片,並一再表示,希望多多關照。

張凱嚴肅地說:「這個錢絕對不能收。」

他的妻子卻勸他說:「沒關係,根本沒有人知道。即使別人知道了又怎麼樣,這餐廳本來你也參與經營啊。」

張凱說:「老同學這麼信任我,來幫忙我,我得對得起自己的良心,絕對不能做對不起人家的事情。」

最終,張凱找到了那個裝潢公司的經理,將錢還給他,並另外選定了一個報價較低、裝潢品質又好的裝潢公司。

餐廳開張之後,在張凱的用心經營下,生意越來越好,賺了很多錢。張凱從心裡感激自己的同學,他知道如果不是同學幫忙,自己不會有今天。因此,他把餐廳的帳目記得清清楚楚,努力經營。張凱的同學見自己的投資有回報,更認可張凱的人品和辦事能力,便跟張凱商量可以找合適的地方

開分店,仍由他來投資,張凱負責管理。

我們可以看出,張凱能夠獲得成功,不僅僅是靠他的努力和智慧,更重要的是他有良好的人品。

道德品行是一個人的底線,沒有了這個底線,就無法支撐人生。要做到這一點並不難,只要本身不為外物所迷惑,待人真誠,謹慎行事,就可以做到問心無愧。

打造無懈可擊的個人魅力

　　人格是一個人品德、意志和能力的整體呈現，人格魅力具有強大的感召力和影響力。古今中外的大人物之所以能夠一呼百應，正是因為人格魅力發揮了很大的作用。

　　在課堂上，一位大學教授替學生上了生動的一課。

　　教授拿出一個玻璃瓶子，把事先準備好的石頭一顆一顆裝在瓶子裡，直到瓶子被石頭裝滿，然後問學生：「瓶子滿了嗎？」學生都認為瓶子滿了。然而教授微笑著接著把沙子放進瓶子裡。當沙子把瓶子填滿時，他又問學生：「這次滿了嗎？」學生點點頭，然後他又把水灌進了瓶子中。

　　教室裡一片寂靜。教授問：「誰能夠告訴我，今天這個實驗向大家說明了一個怎樣的道理？」

　　有個學生回答：「我覺得無論一個人的時間有多緊湊，如果再想一想，總會有時間去學習其他知識的。」

第一章 從處世細節，看見一個人的格局

另一個學生說：「無論一個人的閱歷多麼豐富，他都要考慮別人的建議。」

教授笑笑說：「如果我剛才先放沙子，再放石頭，那麼，石頭還能全部裝進去嗎？先放石頭，還是先放沙子，其中包含了一個很重要的人生道理。那麼，人生的這些石頭究竟是什麼呢？」

「地位、學歷……」

教授搖頭道：「你們都錯了，是人格。」

無論什麼時候，我們都應設身處地地為他人著想，先人後己，這樣才能以人格魅力征服別人。

我們通常不會完全地信賴別人，除非這個人本身具有某種我們特別欣賞的特質，我們才會崇拜他，並願意服從他。所以，你想集合眾人的力量做大事業，必須修練出傑出的人格魅力。

松下電器有一位幹部井植薰。一次，松下電器任命他為松下第八廠廠長。而在此之前，他曾建議老闆關閉這家虧損的工廠。所以，當他赴任時，工人們都憤怒地舉著牌子抗議，喊道：「關閉工廠的人滾回去！」

在這種嚴峻的情況下上任，困難可想而知。但井植薰以自己超凡的智慧將此事處理得非常圓滿。

打造無懈可擊的個人魅力

經過一段時間的調查,他覺得想要讓工廠起死回生,必須要裁掉200名員工。但是,在這個緊要關頭裁員,這樣做必定會激起工人們更大的憤怒。井植薰想了很久,最後決定用抽籤的方式來決定人員的去留。他將工人們召集起來,說:「為了讓公司起死回生,必須裁員,但是,裁掉任何人我都不忍心,我們用抽籤的方式來決定自己的去留。當然為公平起見,我也會參加抽籤,如果不幸抽到『走』,我會離開。我祝大家好運。」他身先士卒,用顫抖的手抓起了一個紙團,上面寫著「留任」二字。

之後,井植薰和工會一起妥善安排了不幸被裁掉的200名員工。因為裁員方式公平,被裁的員工毫無怨言地離開了。

在井植薰的帶領下,幾個月之後,工廠成功轉虧為盈,成為松下電器的盈利支柱。

有智慧的人,他們做自己認為必須做的事情,不會因利害關係而改變自己為人處世的原則。

忠誠守信是完善人格魅力的基本原則,而忠誠對人、恪守信義亦是贏得人心的前提。只有忠誠守信,才能獲得別人的理解、信賴和尊重,才能獲得更多的支持與合作。所以只有修練自己,具備高尚的品德,才能享受真正的成功與恆久的快樂。

第一章　從處世細節，看見一個人的格局

擁有愛，讓成功變得更簡單

　　善良的人對世界充滿了關愛，他們會用財富幫助那些需要幫助的人；即使沒有足夠的財富，也一樣對別人充滿了關愛。所以，有愛的人永遠值得被尊敬。

　　有這樣一則寓言。

　　有三位白髮蒼蒼的老人坐在一個婦人家門前休息。這三位老人，一個叫「財富」，一個叫「成功」，一個叫「愛」。婦人覺得他們談吐不凡，就邀請他們進屋休息。三位老人謝了婦人，卻沒有起身的意思。

　　婦人感到非常納悶，於是問他們為什麼。

　　三位老人同時笑了笑，叫「愛」的老人說：「我們不能同時進屋，他叫『財富』，他叫『成功』，我是『愛』。你去和家人商量一下，看看選擇我們之中的哪一個人進屋。」

　　婦人聽了，非常詫異，但她還是進屋把老人的話告訴了

擁有愛，讓成功變得更簡單

丈夫和媳婦。丈夫興奮地說：「既然是這樣，那麼就請『財富』吧。只要他進來了，我們家就能過上衣食無憂的生活了。」

但是婦人說：「為什麼不請『成功』進來呢？這樣的話，我們做每一件事情都會成功，那感覺多好！」

這時候，一旁的媳婦插嘴道：「我覺得還是邀請『愛』老人吧。如果沒有愛，財富和成功對我們來講又有什麼意義呢？」

夫妻二人覺得媳婦說得很有道理，於是同意了她的建議。

婦人出門，邀請了「愛」老人進屋休息。當「愛」老人起身進屋後，「成功」老人和「財富」老人也跟在後面進了屋。婦人感到非常驚訝，問：「不是三個人不能同時進屋嗎？」

三位老人笑了起來，說：「哪裡有愛，哪裡就有財富和成功！有愛就有一切！」

很多人一生都在追逐財富和成功，卻忽略了愛，因此感到生活枯燥和空虛。人間最為寶貴的是真情，是愛。只要心中有愛，對工作和生活就有熱情，所做的事情也更有意義，財富自然隨之而來。千萬不要捨本逐末，只為了錢而去拚命工作，這樣你損失的不僅是財富，更是你幸福的一生。沒有愛的生活是痛苦的，要想擁有愛，就必須付出愛。

第一章　從處世細節，看見一個人的格局

　　松下幸之助曾說：「我的財富和榮譽是社會給我的，所以我一定要回報社會，實現自己的人生理想。」

　　每個人都不是一座孤島，無法單獨地存在，人與人之間只有相互付出，相互給予愛與真情，才會產生持續不斷的能量與生機。人間有了愛才會有一切，包括成功和財富。

誠實是最強的智慧武器

生活中，人們總是希望和誠實的人交往，而排斥和說謊的人合作。誠實能得到別人的認可、尊敬和讚揚，反之，欺騙會遭到人們的譴責和恥笑，會導致信用破產。

林肯（Abraham Lincoln）由伊利諾伊州搭火車到華盛頓就職時，刻意讓火車在西村停站，他站在火車尾端的車臺上對著蜂擁而至看新總統的民眾說：「有一個名叫葛麗絲的女孩住在這裡，她曾經寫信給我。如果她在的話，請她站出來好嗎？」

一個興奮得滿臉通紅的小女孩驚喜地摀著嘴走了出來，高聲說：「總統先生，我在這裡！」

「嘿！葛麗絲，」林肯彎下腰，由欄杆間伸出手握住小女孩的小手，說，「你看，我特別為妳留了鬍子，是不是比較帥呢？」

葛麗絲開心地回答道：「總統先生，您是我所見過的最

第一章 從處世細節，看見一個人的格局

帥的總統。」

事情要從林肯剛剛當選總統時說起。有一天，他意外地接到一個小女孩的來信，信裡寫著：「總統先生，您好！我叫葛麗絲，住在紐約州的西村。我之所以寫信給您，是想建議您留鬍子，我相信如果您留鬍子的話，一定會變得特別帥。」

林肯在百忙之中抽空回信給這個小女孩：「葛麗絲，你好！收到你的來信我很高興，我也很樂意留鬍子，但是我剛剛上任，這樣一來，可能會有許多選民不認識我了。」

過了幾天，林肯又收到小女孩的來信：「總統先生，我還是覺得您留鬍子看起來比較不會嚴肅。您的照片實在太嚴肅了，我相信別的女孩和我一樣，會害怕一位沒有鬍子的總統。」於是林肯留起了鬍子。

林肯雖然沒有任何背景，外表也不出眾，但是他卻是美國歷史上很得民心的總統之一。為什麼他會受到人民如此的愛戴？祕訣就在於他知道「用誠懇贏得人心」。

誠信，是非常重要的交際原則之一。只有堅持誠信原則的人，才能贏得良好的聲譽，才有人願意與其建立長期穩定的關係。因此，我們每一個人都應該把誠實作為自己生命的瑰寶。

誠實是最強的智慧武器

日本著名的企業家吉田忠雄曾說:「為人處世首先要講求誠實,以誠待人才會贏得別人的信任,否則,一切都是空談。」

吉田忠雄曾經在一家小電器公司推銷商品。起初,很長一段時間他都沒有業績,做得很不順利,但是他並沒有灰心,而是一直堅持做下去。一次,他終於成功推銷出去一款刮鬍刀,半個月內擁有了二十幾位顧客。後來他意外發現,他所推銷的刮鬍刀的價格比其他家店同類型產品高出很多,這讓他深感不安。

經過一番思考之後,他找到了這二十幾位顧客,向他們說明情況並提出願意退還貨款的差額。顧客被他的真誠所感動,他們不但沒有要求退還差額,反而主動向吉田忠雄訂貨。吉田忠雄的業績急遽上升,很快得到了公司的獎勵。他的誠信為他以後創辦的公司打下了良好的人際基礎。

世界上最聰明的人是誠實的人,因為只有誠實的人才經受得起事實的考驗。雖然他們經常會遭受欺負和訛詐,甚至是「木訥」的代名詞,或被說是「老實無用」,但是,生活不會辜負真誠的人,最終會給予他豐厚的回報。我們應該堅信,最受歡迎的品德是誠實,它是獲得友誼的重要因素,是贏得別人尊重的至上法寶。

第一章　從處世細節，看見一個人的格局

以忠誠樹立人脈

擁有忠誠品格的人，更容易贏得人們的敬重和信任。相反，缺乏忠誠之心的人，則多遭人鄙視和唾棄。

忠誠是一種操守，是一種職業良心，更是一種美德和品格。沒有忠誠，某種意義上來說，就是推卸自己的責任，同時也是褻瀆和不尊重自己的品行和操守。我們每一個人都有責任去堅守和維護忠誠，這是對自己所愛的人和所堅持的信念最大的保護。

有一次，一位外國教師和一位學生一起到機場為一位朋友送行。在檢查行李的時候，前面一個年輕人的口袋裡滾落出來一枚銅板，年輕人看了一眼並沒有在意，轉過頭就走。這時候，一個男人踩過銅板急匆匆地走了過去。那位學生走過去撿起那枚銅板，遞給那個掉銅板的人。剛開始對方覺得非常不好意思並拒絕接受，這位學生嚴肅地說道：「先生，你可以不在乎這一點錢，但這上面印有國徽，不能踐踏！」

學生對國家的忠誠深深感動了外國教師。

忠誠是無聲的宣言，是不變的信條，是一種素養，是為人處世的原則。所以說，守住了忠誠，就守住了人生最寶貴、最值得珍惜的東西。

一個電子廠業務部的經理和董事長發生了衝突，而且沒有適時化解誤會。這名經理在長時間的壓抑下心生不滿，準備跳槽到對手公司。

為了向新老闆邀功，也為了發洩自己的不滿情緒，他將公司的機密文件和客戶電話透露給各路經銷商，引發了很多生意上的糾紛。除此之外，他還向工商和稅務單位檢舉，說公司的帳目有問題，經查證後，公司的帳目並沒有問題，但還是造成了公司的困擾。

這名經理對這樣的結果很滿意，然後去新公司上任，沒想到被轟出了門。因為新老闆對他的人品產生了懷疑，認為他現在能這樣對待別人，將來也可能這樣對待自己，這樣一個人等於是一顆不定時炸彈，自然不會錄用他。

一個不忠誠的人，怎麼可能得到別人的賞識呢？變質的忠誠不但會毀了你的名譽，最終是自毀一生。相反，當你忠誠於所做的一切的時候，你也能得到他人對你更多的信任。

羅伯特是美國一家小電子公司的傑出工程師。他的公司

> 第一章　從處世細節，看見一個人的格局

最近面臨著對手公司——比利弗電子公司的兼併，處境非常困難。

有一天，比利弗電子公司的技術部經理邀請羅伯特共進晚餐。吃飯時，這個經理利誘羅伯特說：「如果能給我你們公司最新產品的資料，我會給你很好的回報。」

羅伯特平時是一個舉止很紳士的人，此時卻氣得臉色發青，他憤怒地說：「請你住嘴！儘管我們公司收益不好，但是我絕對不會昧著良心去做這種事情。我不會答應你的任何要求的。」說完離座走人。

沒過多久，羅伯特的公司因為嚴重虧損而破產，他失業在家並開始求職。突然有一天，他接到了比利弗電子公司總裁的電話，說要聘請他做技術部經理，請他第二天到公司報到。羅伯特驚呆了，說：「這怎麼可能？」

總裁笑著說：「以前的技術部經理退休了，他和我談起了關於你的事，並特別推薦了你。年輕人，我十分敬佩你的品行，你是值得我信賴的人。」後來，羅伯特憑藉自己的技術水準和管理能力，成了一流的專業經理人。

忠誠之人必須有所堅持、有所放棄，堅持的東西是值得珍惜的東西，放棄的則是對你誘惑最大的東西。為正義和真理而活，是對信念的一種堅持，這樣的忠誠才是真正意義上的忠誠。

了解他人需求，打破溝通壁壘

在人際交往中，要想使資訊、思想和情感在個人或群體間傳遞並且達成共識可以有很多方式，但毋庸置疑，語言是人類溝通中最有效的方式之一，尤其是在傳達資訊方面。

交談的目的是溝通，很多人將單方面的告知誤以為就是溝通，但其實溝通是雙向的互動過程。

李先生在外地經營出口品加工廠，其工廠規模不小，員工有五、六百人。他經營工廠也很成功，無論是在生產還是在管理上都卓有成效。員工的福利待遇很好，加上他本人與員工十分親近，員工工作也都十分努力，工廠的業績因此蒸蒸日上。

在員工眼裡無所不能的老闆，在和兒子溝通的問題上卻有些灰心喪氣、力不從心。父子倆不見面就罷了，一見面說不了三句話就生氣，不是兒子摔門離開，就是父親氣得跳腳。

第一章　從處世細節，看見一個人的格局

　　這天，父子倆又因為兒子晚歸吵了起來，爭得面紅耳赤。李先生已經做好了心理準備，可是還沒有吵兩句，兒子突然改變了態度，一改往日的倔強，心平氣和地說：「老爸，我們天天這麼吵實在是傷神又費力，而且根本無法解決問題，不如我們坐下來好好談談。」

　　「談什麼？」

　　「那就先從剛才我們各自說過的話開始。您可以把我剛才說過的話重複一遍嗎？」

　　「啊？」李先生沒有弄懂兒子的意思，但還是說：「你說我看不起你，所以老是找麻煩。」

　　兒子搖搖頭說：「不，爸爸，這句話是您說的而不是我。」

　　「怎麼可能，你別想轉移話題。既然你覺得我說得不對，那你自己把剛才的話重複一次。」

　　「老爸，您看，從頭到尾您都不清楚我想要表達的意思，所以我們再爭吵下去也毫無意義。不然這樣吧，我說一句，您就重複一句，您說過的話我也重複一遍。」

　　「你別岔開話題，我沒有那麼多閒功夫跟你玩這麼無聊的遊戲。」

　　「老爸，您就試試看嘛！您仔細想一下，我剛才到底說了什麼？」

李先生終於搖搖頭說:「我真的想不起來了,反正就是我剛才說的那個意思。」

「好吧,我來重複一下我剛才說的話。我說父親很能幹,做兒子的除了驕傲和敬佩之外,難免會有壓力。」

李先生仔細想想,似乎是這樣,那麼當時自己為什麼會那麼激動呢?於是父子倆心平氣和地坐下來,將之前爭吵的內容重新回想了一下,兩個小時過去了,還繼續在說,但是氣氛已轉為融洽,事後李先生自己都不敢相信。

雖然談完時間已經很晚,李先生沒有休息多久就去工廠了,但是卻沒有以往爭吵之後的疲憊和煩躁,而是神清氣爽。

恰巧,當天公司的晨會討論採購新設備的問題。採購部一共提了兩個意見,從美國或者是日本買進設備。從報價上來看,日本的設備相對便宜一點,在品質上也並不比美國的遜色,但是綜合考量,總工程師還是覺得從美國採購更合適。

通常在這樣的會議上,李先生雖會禮貌性請工程師和各個部門的負責人表示意見,但是並不一定會採納。在討論之前通常心裡已經有了定見,多數情況下會議都只是形式而已。

第一章　從處世細節，看見一個人的格局

但是今天他一反常態，笑著對總工程師說：「我來重複一下你闡述的要點，看我了解得對不對。日本的機器相對於美國來講物美價廉，表面看是很不錯的選擇，但是他們的售後服務卻可能不足，將來如果機器出了問題會耽誤很多時間。加上我們沒有精通日文的人，對方也沒有中文方面的專家，外聘翻譯又可能將設備上的專業術語翻譯得不夠精確，所以會出現連續的惡性循環。等待解決問題所需要花費的人力、物力和時間是不能用金錢衡量的，而購買美國設備恰好能避免這些問題，所以整體看來，買美國的要划算得多。」

聽著李先生的複述，總工程師等李先生講完之後，又將之前沒有說完的話再加以補充。其他人也加入了討論，最後大家將兩種設備的優劣又進行了詳細的比較，買哪種設備更划算一目了然。

可見，解決問題的最有效方式就是心平氣和地溝通，了解對方的想法，同時也讓對方了解你的想法。當彼此明白了對方的觀點之後，再討論要點，這樣的溝通會更有效果。

賓夕法尼亞大學法律系教授艾德恩凱迪博士，在他二十年的執教生涯中，總會在迎接新生的第一堂課上重複做一件事情：在黑板上寫下4和2，然後問學生結果是多少。

幾乎每一次學生的答案都是相同的：6或者2。但無論是

哪一種，他都會搖頭。也有學生會突發奇想，說是 8，他仍然搖頭。

看到學生們懵懂的眼神，他解釋道：「我問你們結果是多少時，你們沒有人問我這道題是加法、減法，還是乘除法。你們根本不知道問題的性質，又如何說出真正的答案呢？」

其實我們經常犯這樣的錯，沒有仔細聽對方的話，就急不可耐地下了定論。這樣怎麼能夠讓對方信服呢？自說自話的人，不能讓語言發揮出其應有的作用，只有在你來我往的討論中才能找到最終達成共識的點。所以切記，在人際交往中，一定要學會傾聽他人的意見，找到話題的關鍵點，從而達到有效的溝通。

第一章　從處世細節，看見一個人的格局

先給予，後得到的智慧

我們往往會遇到這種狀況，費盡唇舌後發現對方對你的想法不置可否。這是因為他比較認可自己的想法，無法全盤接受你的觀點。

解決這種情況的最好辦法就是，發現對方想法裡的優點並給予肯定：「我也覺得過去的做法畢竟有可取之處，確實令人難以否定。」先接受對方的立場，說出對方真實的想法。你的認同能夠極大地滿足對方的自尊心，你沒有全盤否定他的想法，就是對他的肯定，從而降低了心裡的反抗情緒，在心理上也更容易接受你之後要說的話。

某電器公司的推銷員挨家挨戶推銷洗衣機。當他來到一戶人家時，聽到洗衣間傳來洗衣機轉動的聲音，於是他問主人能否看看他家的洗衣機。主人將他帶到了洗衣間。看到這臺老舊的洗衣機後，推銷員說：「這是舊式的洗衣機啊！現在很少人用這款了。這款洗衣機不但洗衣時間長，而且也會

先給予，後得到的智慧

對衣服造成耗損，您該換一臺新式的。」結果，這位推銷員還沒說完，主人就皺起了眉頭駁斥道：「我一點也沒有感覺到你說的那些問題！這臺洗衣機很耐用，十幾年來沒出現過故障，現在的洗衣機不見得比它好用。除非它完全不能動了，否則我不會考慮換新的！」

幾天之後，另外一個推銷員來訪，同樣看了主人家裡的洗衣機，說：「這是臺令人懷念的洗衣機，因為很耐用而且故障少，很多使用者都很喜歡它。」主人一聽，很高興，於是接話道：「是啊！這倒是真的！我家這臺洗衣機確實已經用了很久，我太太很喜歡，可是畢竟用了很多年，洗衣功能有些退化！」

推銷員聽後，拿出自己帶的型錄，對他說：「我們買洗衣機就是為了生活的方便，現在生活節奏快，沒有太多時間浪費在家務上。我們公司最近出了很多款新式的洗衣機，您不妨看看，如果有滿意的就換一臺，我相信您太太也一定會因為您減輕了她的負擔而開心。」主人聽到之後，果然毫不猶豫地接過了型錄。

這位推銷員掌握了人的心理，先贊同其想法，然後再根據對方想法中的糾結之處進行推銷。這種推銷說服技巧，讓被拜訪對象成為潛在的客戶，即使這次他不買，但是心裡已

經動搖,並且產生了購買新洗衣機的欲望,所以購買是遲早的事。

　　善於觀察並利用對方微妙的心理,是幫助自己提出意見並說服對方不可或缺的要素。通常來說,被說服者之所以搖擺不定,想堅持自己的想法,是害怕被他人左右後會發生自己無法掌控的後果。如果你能洞悉他們的心理癥結,並加以化解,他們還有不答應的理由嗎?

　　我們在說服他人時,一定要先找到令對方不安或是擔心的問題,然後找到解決的辦法,在對方提出相關問題時給予合理的回答,消除對方的顧慮。如果你沒有充分的準備,回答得模稜兩可,只會讓對方更加不安,甚至懷疑你的初衷。因此,你應事先預想一個能引發對方顧慮的問題,還應準備充分的資訊,一舉說服對方,這是相當重要的。

包容他人過失，建立和諧關係

「容過」，就是容許別人犯錯，以寬容與平和的心態看待別人的錯誤，並容許別人修正錯誤。

英國詩人濟慈（John Keats）說：「人們應該彼此寬容，每個人都有缺點。在最薄弱的地方，每個人都能被切割搗碎。」他的論述破除了「做了錯事得到報應才算是公平」的觀點，因為每個人都有缺點，都有軟弱之處，也都會犯錯。

「海納百川，有容乃大。」在生活中，寬容能夠產生奇蹟，可以減少不必要的損失。一個既會做人又會做事的人，往往擁有開闊的胸襟。而寬容他人的同時也釋放了自己。要想有一番大作為，眼睛裡就得能容得下「沙子」。

事實上，人犯錯在所難免，只要他的本質依然善良，知錯能改，我們就應該試著接納他，並且原諒他。

《尚書・伊訓》中講「與人不求備，檢身若不及」，我們與別人相處的時候，不求全責備別人，而要嚴格約束自己，換

第一章　從處世細節，看見一個人的格局

句話說，就是「嚴以律己，寬以待人」。所以我們在要求別人的時候，應該先反問一下自己是否能夠做到。

有一個富豪，在垂暮之年，想把財產分給他的三個孩子，但是他又害怕孩子們獲得財產之後，很快就揮霍殆盡。最後，他想到了一個辦法：在分財產之前，先要三個孩子去遊歷。

他把三個孩子叫到眼前，對他們說：「我不想讓你們三個平均繼承我的財產，而是想由你們其中的一個人全部繼承。從現在起，你們就出門獨立生活，一年之後你們再告訴我，做的最有意義的一件事是什麼。」

一年之後，三個孩子返回家中。大兒子說：「我在遊歷的途中遇到了一個陌生人，他非常信任我，還讓我管理鉅額財產，後來他不幸過世了，我原封不動地將全部的錢財還給了他的家人。」

富豪很滿意：「你的表現非常好，誠實是一個人應有的品德。」

二兒子接著說：「我經過一個貧窮的村落，看到一個小乞丐不小心掉進了河裡，我奮不顧身地跳進河裡，將他救上了岸。」

富豪也很滿意：「你的表現非常不錯，助人是應該的。」

包容他人過失，建立和諧關係

老三思索了一會，說：「事實上，我並沒有遇到什麼大事情。在途中，有一個人和我結下了仇，每天跟著我，千方百計地想要加害於我，有好幾次我都差點死在他的手裡。有一天，我路過懸崖的時候，發現他正睡在懸崖邊的一棵樹上，當時只要我輕輕一腳，他就會摔下崖，但我不忍心那樣做，於是選擇了叫醒他。」

富豪想了想，說：「一個人能夠寬恕自己的仇人是非常難的事情。你不但寬恕了他，還幫助了他，可見你的胸襟和氣度非常人所比，因此，你才是最有資格繼承財產的人。」

與人相處要求同存異，只有寬宏大量，才會有真心的朋友。每個人對他人的評判都會受主觀因素的影響，不一定完全公平，武斷地得出結論很容易引起誤會甚至引發衝突。所以，你最好先告訴自己「未必如此」，也就是說換個角度思考問題，別人的看法不一定是錯誤的，說不定是自己沒有完全理解別人的意思。所以，在做決定前，一定要弄清楚真相。

古今中外，凡能成大事者，必定不拘小節，心胸豁達，能忍別人不能忍之事。人非聖賢，孰能無過。盡量寬恕對方的過錯，只有這樣，你的人脈才會越來越廣，距離成功才會越來越近。

第一章　從處世細節，看見一個人的格局

第二章

學會換位思考,贏得更多好感

第二章　學會換位思考,贏得更多好感

聰明的人對自己的成就總是輕描淡寫,謙虛,不招搖;愚蠢的人則往往大肆宣揚,譁衆取寵。

爲人處世的過程中,我們在堅守自己原則的同時,還要學會理解和尊重他人。

給予他人面子，提升自我價值

有一個和我很親近的女同學，和我提到一件讓她很困惑的事情：「我的丈夫是個很棒的男人，在家中，無論我說了多少抱怨的話，他都會耐心聽完，可以說對我寵愛有加，但在公司時，對我的態度卻判若兩人。」

她說道：「有一次，我有急事打電話到公司找他，他的態度冷淡且不高興，都是機械性的一個字的應答，如『嗯』、『哦』之類的，非常不耐煩。剛開始的時候，我還以為是他遇到了不如意的事情，可是此後一連幾次都是如此。」

「甚至有一次，我去公司找他，他只是冷冷地說『妳先回去吧』。一點也沒有平時的溫柔，讓我很受傷。回到家之後，他雖極力哄我，卻始終不肯告訴我原因。」

她問我這是怎麼回事。

先不做解釋，來說一個事例。

第二章　學會換位思考，贏得更多好感

　　在美國鋼鐵大王卡內基身上曾經發生過這樣一件事。有一天，卡內基到生產部門視察，針對市場上最近出現「卡內基鋼鐵集團生產的鋼鐵品質出現了問題」的事件進行調查，在某個材料的品質流程中發現了問題。

　　品質問題對一個企業的生存、發展意義重大。

　　他當著陪同人員的面，大聲質問品管人員，造成場面相當尷尬。卡內基越說越氣，說：「這是一件非常致命的錯誤，即使是我家裡的傭人，都不會犯這種錯。」

　　本來並不是非常嚴重的事情，但是卡內基的語調以及態度帶著很強的攻擊性，言辭也非常苛刻。

　　事實上，卡內基的意思只是想提醒品管人員在工作中要更為認真和嚴謹，因為市場上的負面新聞牽動了他的神經。

　　這名品管人員已經在公司做了六年，為了使自己不致在同事、主管、下屬面前失去尊嚴，他只對卡內基輕輕說了一句話：「那你讓你家裡的傭人來做這份工作吧。」

　　瞬間，場面更加尷尬，而這句話足以令卡內基銘記一生。

　　後來，卡內基在自己的回憶錄裡寫道：這是我犯下的一個極為愚蠢的錯誤，我甚至為此親自寫信向他道歉。他雖接受了我的道歉，卻再也沒有出現在我的公司裡。

給予他人面子，提升自我價值

再來說一個事例。

在一部愛情電影中，有一句臺詞：誰給我面子，我給誰金子。

此時，或許你已經知道前面事例的原因了。

妻子到公司找老公，讓老公在同事面前失去威嚴，也就是失去了面子。老公以一副冷冰冰的表情對待妻子，其實是在維護自己的面子。

卡內基的品管人員因為沒了面子，毫不留戀地離開了效力六年的公司。相信品管人員說出「那你讓你家裡的傭人來做這份工作吧」這句話的時候，沒面子的是卡內基，因為他的權威受到了挑戰。

生活中，我們踐踏別人的感情，毫不顧慮地訓斥、批評甚至是謾罵。對雙方來說都是備受煎熬的過程。一方面子丟盡，尊嚴蕩然無存；另一方醜態百出，威嚴掃地。

如果能夠採用另一種方法，一兩句體恤的話加上一點點善意，換來的將會是一個溫馨、和諧的場景。

然而，生活中，我們只顧慮自己的面子，卻完全忽略了別人的面子。我曾經看過這樣一件事。

一個三歲的小男孩，在社區的公園裡和很多小朋友一起玩耍。可能媽媽並不知道小男孩跑出來玩。當驚慌失措的媽

第二章 學會換位思考，贏得更多好感

媽看到他時，便當著眾人的面，狠狠地打了孩子一頓。

倔強的小男孩沒有哭，但是從他眼裡流露出的對媽媽的仇恨目光讓我感覺到害怕，周圍的大人沒有責罵小男孩，怪起了那位年輕的媽媽。可能是惹了眾怒，年輕的媽媽尷尬地道了歉，招手叫孩子過來，卻遭到男孩的拒絕。

一個孩子拒絕投入媽媽的懷抱，該是一件多麼難堪的事情。誰丟了面子？又丟了誰的面子？

一個三歲的孩子居然會有這麼強烈的防衛心，何況是大人呢？面子是人性的一道心理防線，一旦這道防線被攻破，會激起別人強烈的抵抗。如果我們不給他人退路，不給他人臺階下，人的反抗心理會驅使他採取最本能的行動——自衛。

愛面子並不是人的劣根性，而是一種心理需求。愛面子並非一無是處，因為面子，人們才會遵守一定的制度規章。愛面子的心理，讓人不論在什麼職位上，都會盡自己的努力而不願落於人後。很多人會設法保留自己的面子，甚至替自己加面子。例如，注重禮貌，讓他們受到稱讚；或以適當的褒獎，增添榮譽感等。

有一位上司和下屬在一起時，談到另外一個主管，上司隨口說了一句：「要是能把他調走，我感謝都來不及。」這句

話恰好被那位主管聽到了。由此,兩個人結下了梁子。

在與人交往的過程中,面子問題是一個不容忽視的問題。為別人留面子,是一件非常重要的事,卻常常被很多人忽略。

面子是一個社會性的問題,不會因為身分、地位而有所改變。主管要面子,下屬同樣要面子。有錢人要面子,窮人也同樣需要。

在社交場合中,讓別人丟了面子,等於與別人結下心結,不利於人際關係的溝通。

第二章　學會換位思考，贏得更多好感

站在他人角度，深刻理解需求

　　站在對方的立場上，就如同站到鏡子前，能清楚看到自己臉上的黑痣。這僅僅是實現有效溝通的第一步。如何讓臉蛋與黑痣和平相處，讓黑痣不僅不會影響你的美麗，反而能把你襯托得更漂亮，這才是關鍵。

　　我想起幾年前的一件小事情。

　　我有一位人事部的同事，他幾乎負責全公司的人事工作，其工作繁重可想而知。一天午休時，恰好遇到我，向我喋喋不休地抱怨，說一些「每天都要加班幾個小時，也不能有絲毫鬆懈；老闆把自己當成什麼呀！」之類的話。

　　我很想對他說：「你不要抱怨，抱怨對工作於事無補。」

　　當然，我不能這樣說。於是我對他說：「是的，你說得很對，如果是我，我也會和你的反應一樣。幾乎公司所有的人事工作都是你一個人做，一定是很累人的。但是，這正是

站在他人角度，深刻理解需求

你表現自己的機會啊。公司變動之際、員工不足之時，既是挑戰也是機遇，你擔起一個部門的重責大任，主管會視而不見嗎？」

這讓同事兩眼放光，這些話，他很受用。開始時我對他說：「是的，你說得很對，換作是我，我也會和你的反應一樣。」這句話讓同事的抱怨瞬間消失，而且也完全同理了他的心情，並讓他覺得，假如我是他，也會和他一樣的感受。

「是的，你說得很對，換作是我，我也會和你的反應一樣。」這是一句有神奇力量的話語，可以停止爭論、消除怨恨，甚至製造好感，使對方注意聽你講的話。

就是這樣一句話，能夠讓世界上最固執的人，瞬間軟化下來。人需要被他人所了解，特別是一種不同於普通人的思想，更需要得到他人的了解。任何一個人的思想或者是行為，都有自己的出發點和理由。想要有效溝通，首先需要同理、認同他的理由，「是的，你說（做）得對，換作是我，我也會和你的反應一樣。但是……」

要記住，那些向你抱怨、傾訴，甚至失去理智的人，對這些人，不一定要接受他的想法，但要對他表示認同、理解。

「我無法接受你的觀點，但我誓死捍衛你說話的權利。」

第二章　學會換位思考，贏得更多好感

這裡，要將這一句話改為「我體會你的處境，但是……」，這是有效溝通的前提。

幾年前，一個親戚要我幫他的兒子在我任職的公司安排一個工作。當時我也只是一個小職員。親戚的要求完全超出了我的能力範圍。

很明顯，我無法實現他的要求。但在我的親戚眼中，我是成功的。

後來，親戚對我的父親說：「你的兒子現在有成就了，我們是高攀不上了。」

我知道，他在生我的氣。

我打電話給他：「你說得很對，換作是我，我也會這麼認為。但是我也在為別人做事，如果他（指親戚的兒子）有公司需要的專業技能，我也會盡力推薦他，幫他謀得一份工作。但現在沒辦法，不過，我保證將來有機會一定會拉他一把。」

因為道歉，並認同他的觀點，我和親戚得以冰釋前嫌，也讓他理解了我的處境。

實現有效溝通，必須要用真誠的態度表達出自己的意見，並且假設你是對方的話，你可能也會有同樣的感受。

人性使然，我們希望得到他人的理解和認同。一些年幼

站在他人角度，深刻理解需求

的孩子會急切地說他受傷的地方，以得到大人的關心和同情，這個時候，大人就需要站在孩子的立場，了解孩子需要別人認同自己的心理。

不僅僅是孩子，大人也有類似的情形，他們會到處向人述說他曾經的經歷，如果這經歷越坎坷，他們就越急切地想要表達出來。在這個過程中，他們甚至會加油添醋，極力渲染。「自憐，實際上是一種人性。」

在生活中，我們也經常遇到這樣的情形：有人喋喋不休地向你抱怨，而你沒有耐心聽他說；當你正煩惱手上的工作無法完成的時候，主管又給了你一項重要任務；當你人手不足的時候，有人突然要請假……，面對這種情況，如果我們直接向他人表示「不，這樣不行」，並不是最好的辦法。但如果我們換一個方式，以同理他人的原則，向對方說「是的……，但是……」，這樣效果會明顯不同，甚至可能會出現意想不到的結局。

你首先對別人的要求或者意願表示了認同，就等於你滿足了對方的心理，接著又講出了自己的想法，讓對方做選擇。

在這種情況下，只要對方是一個通情達理的人，就會做出合理的選擇。

第二章　學會換位思考,贏得更多好感

　　站在對方的立場上,理解對方的意願,這是有效溝通的一種手段。

讓肯定的語言點亮他人心靈

1908 年，羅斯福（Franklin Delano Roosevelt）進入華爾街的卡特、萊迪亞德和米爾本律師事務所擔任律師，負責民事訴訟方面的案子，他的助手埃姆斯是一位剛畢業的法律系學生。

這天，羅斯福在處理一件即將公開審理的案件時，卻怎麼也找不到案件的法律依據。

「埃姆斯，請過來一下！」羅斯福找來了正在忙碌的助手，「我不知道你肯不肯幫我個忙，請你告訴我這條法律依據是在法典中的什麼地方？」

埃姆斯在短短幾分鐘內，便將這條法律依據用紅線標示出來，交給了羅斯福。

羅斯福在後來的自傳中寫道：「雖然他只是我的助手，但是在知識層面不分職位高低，只有求知與求教。他知道我不知道的事，我必須以求教的姿態向他請教，這樣我就給了

第二章 學會換位思考,贏得更多好感

他一種自重感。」

當時,羅斯福只是一個青年,他設法讓自己被推舉為紐約州議會的祕書,而這個職位能夠在服務民眾的同時也讓民眾認識他。

羅斯福在一年之後即以民主黨人的身分進入紐約州議會,開始踏入政界。

羅斯福很喜歡這個工作,但他的人際關係出現了危機。議會裡一位有權勢的人──法爾科對羅斯福存有偏見,因為在一次會議中,羅斯福的發言得罪了法爾科──而發言是無法避免的社會行為。

在政界,很多人寧願不與別人結緣,也不願意與別人結怨,因為這是一件非常危險的事情。

羅斯福應該怎麼辦呢?這非常重要。

羅斯福想到了一件能讓法爾科感覺贏過羅斯福的事情。

「法爾科,你的提案真的棒極了,有空的話,能像老師一樣指導我嗎?」羅斯福利用一個很好的機會,當時法爾科的身邊聚集了很多人。羅斯福的這句話讓法爾科很受用,也有點意外,但隨即他便高興地說:「非常樂意!」

此後,再在會議廳相遇,法爾科會主動向羅斯福打招呼,在此之前,從未出現過這種情形。「富蘭克林,無論什

麼時候我都願意幫忙！」後來，他們成了好朋友。在羅斯福競選總統的過程中，法爾科還幫他出謀劃策。當時，美國面臨嚴重經濟危機，法爾科親自為他草擬演講稿，其中有這樣一句話：「一個總統不一定是一個雜技演員，我們選他並不是因為他能做前滾翻或後滾翻。他做的是腦力勞動的工作，是想盡辦法為人民造福的工作。」

羅斯福把對方當老師的心理學技巧，在人際溝通中具有潤滑作用。法國哲學家拉羅希福可說：「如果你要得到仇人，就表現得比你的朋友優秀吧；如果你要得到朋友，就要讓你的朋友表現得比你優秀。」

確實如此，當朋友表現得比我們優秀時，他們就有了一種自信心。但是當我們表現得比他們優秀的時候，他們會產生一種自卑感，會有羨慕和嫉妒的情緒。出現這種情況的時候，你距離失去朋友就不遠了。

聰明人對自己的成就總是輕描淡寫、謙虛、不招搖；愚蠢的人則大肆宣揚，譁眾取寵。為人處世的過程中，我們在保持低調的同時，還要讓別人有一種自我滿足感。

在人際關係中，每個人都希望能得到別人肯定的評價，都在不自覺地努力維護著自己的形象和尊嚴，如果他的交談對象過分地顯示出高人一等的優越感，那麼無形之中是對他

的自尊和自信一種挑戰與輕視。

要善於發現別人的優點,滿足他人的自我滿足感,只有這樣才能積小善為大善,積小能為大能。每個人都有值得他人學習的地方,也都有一種好為人師的心理,想讓周圍的人向自己學習。「世界上不是沒有美,而是缺少發現美的眼睛」,同樣的道理,身邊有很多人,他們身上都有我們值得學習的地方。學會利用身邊的資源,給他人自我滿足感,從而讓自己走上成功的道路。

激發對方動力，創造正面影響

我有個同事趙德厚，出生在中國河北 —— 歷史上赫赫有名的猛將趙雲的故鄉。

從一開始，他給我很深刻的印象。在生活中，每當搭電梯時，電梯門一開，他總是讓其他人先進，自己最後進去；如果遇到電梯中有人出來，他必定先讓人家出來，並把自己的手放在電梯門邊，免得電梯門突然關上而夾到人；如果電梯超重了，他必定第一個出來，讓其他人先搭。

我們如果一起出去辦事，搭計程車時，他必定像個紳士一樣，幫我開車門。最讓我難忘的是，中午和同事一起出去吃飯，吃完飯他總會給大家一張餐巾紙。另外，他遇到同事需要幫助，只要力所能及，總會盡力幫忙，儼然是一位俠客。

後來，趙德厚告訴我，他是趙雲的後人，經常和我分享趙雲的英雄事蹟，都是在讚揚趙雲的膽魄和忠勇。他立志要

第二章　學會換位思考，贏得更多好感

做個像趙雲一樣的英雄人物。

大概在趙德厚看來，他自己是一個「柏拉圖」式的理想家，有一個崇高的理想在激勵著自己。

確實如此，趙德厚在工作和生活中非常慷慨仗義，讓同事留下很好的印象。

我們大家受他的影響，久而久之便養成了一種「為他人服務的想法」。

在平時的笑談中，我們總說這是「趙德厚效應」。

其實，這是一種高尚動機的心理行為，並因此引發他人的高尚動機。例如，你在鏡子中看見自己的時候，會覺得自己與眾不同，這不是自戀心理，而是一種潛在的高尚情結。

李偉是一位房屋仲介。有一位業主「威脅」李偉：「如果再找不到一個長期的租客，我就把房子委託其他的房屋仲介公司，讓他們來處理。」

這位業主，兩年前將房子委託李偉的仲介公司處理，談定價格之後，由李偉負責幫他尋找房客。然而，短短的兩年之內，這間房子先後換了6組房客。儘管大家都簽訂了一年的合約，但卻沒有住到約定的期限，就毀約搬走了。

這樣雖帶給李偉的公司不少收益，卻惹怒了房東，因為他需要三番四次地從外地趕過來簽合約。

激發對方動力，創造正面影響

房東的「威脅」也讓李偉非常生氣，因為他與業主簽了三年的仲介合約。

「如果在以前，我會請業主把合約再看一遍。我要指出，如果他毀約，需要根據合約規定補償我的損失，而且可以要求最大限度的補償方案。」

「可是我沒有那麼做 —— 不能把事情搞砸。」他決定使用別的方法。他對房東說：「多年的仲介經驗讓我了解到許多人的水準。我認為你是一個守信的人，而兩年來的合作，你也從來沒有失信過。」

「現在，我建議重新規劃合約。我寧願吃虧，也想留住你這樣一位誠信的客人。這是我的公司賴以生存和發展的基礎。」

三天後，李偉和業主重新簽訂了合約，將還只剩一年的仲介合約延長為三年。

人之初，性本善，是後天環境的變化，才造成了各種行為的差異，出現了背離「善」的現象。

美國金融大亨摩根（John Pierpont Morgan），不僅是一位卓越的經濟學家，更是一位心理學家。他說：「人們做事情，通常有兩種動機，一種是發自內心的，一種是高尚的，而高尚的動機則往往更具驅動力。」

第二章 學會換位思考，贏得更多好感

因此，要改變人，需要激發別人高尚的動機。

一位保險公司的主管，為了能夠提高手下員工的工作效率，常常會送一些管理方面的書籍給下屬。他告訴員工：「努力開拓業務，是為了以後有能力去管理別人。」這一句話給他的員工無形的動力，並且將大家的鬥志拉到最高點。

人際溝通中，高尚的動機是想得到幾句稱讚，還是完全發自內心的呢？

其實，從人性的角度來說，高尚的動機不是表演，不需要做給誰看，更不是要得到誰的讚美。高尚只是一種品行，是一種長期累積的行為習慣。

然而，很多時候，當我們發現對方動機不良、不懷好意時，戒備心理會使我們還擊，而還擊的方式通常為一針見血地向對方發起挑戰。

這不是一種理智的做法，只會激發對方採取更加激烈的方式。這種行為不免會引發衝突，甚至令對方變本加厲，自然不會有什麼好結果。

但如果我們換一種做法，在他人產生不良動機時，以一種高尚的動機澆熄這種不良的動機，並隨之讓高尚的動機產生強大的驅動力，推動產生一種良好的效果。在這種情形下，很多事情就變得容易溝通與解決了。

比如,在擁擠的公車上,一位抱著孩子的媽媽上了車。旁邊座位的乘客並不想讓座,故意將臉看向窗外。

而司機提醒乘客讓座給老人、孩子是一種責任。「請大家把座位讓給抱孩子的乘客,謝謝!」

這並不是最好的辦法,即使有人起來讓座,也不是心甘情願的。

如果司機換一種廣播的內容:「請大家先把座位讓給優先需要的乘客,稍後有空位時再坐。」

相信此話一出,座位上的人就再也坐不住了。

這就是高尚動機的驅動。司機希望座位上的乘客互相尊重禮讓,給了每個人一個「高尚」的角色。趨善心理令座位上的人無法拒絕扮演這個善良的角色。

人都喜歡把自己理想化,為自己的行為賦予一種高尚的動機。因此,如果我們想改變他人,就應該使之產生一種高尚的動機。

第二章 學會換位思考，贏得更多好感

讚美他人，搭建信任橋樑

從社會心理學角度來說，讚美是一種有效的交往技巧，能縮短人與人之間的心理距離。馬克・吐溫（Mark Twain）曾經誇張地說：「僅憑一句讚美的話，我就可以多活兩個月。」可見喜歡被人讚美是天性，我們在希望得到讚美的同時，也需要學會去讚美別人。

讚美，是對對方優良素養、能力和行為的一種言語肯定，是人們對待世界的一種健康心態，是處理人際關係的一種正面的態度。有些人會因為得到別人的讚賞和鼓勵而取得更好的成就，反之，有些人可能會因為受到批評而自暴自棄，放棄努力。

羅傑・羅爾斯（Roger Rollins）是美國紐約州歷史上第一位黑人州長。他出生在紐約聲名狼藉的大沙頭貧民窟，那裡不僅環境髒亂、充滿暴力，而且龍蛇混雜，是偷渡者和流浪漢聚集的地區。生活在這樣的環境中，對很多孩子來說，逃

讚美他人，搭建信任橋樑

學、打架、偷竊，甚至吸毒都是家常便飯，因此從這裡出去的人很少能找到體面的工作。

然而，無論多麼惡劣的環境總有出淤泥而不染的人，羅傑・羅爾斯就是這樣的人，他不僅考上了大學，還當上州長。在就職後的記者會上，很多記者都對他的成長過程很感興趣，但是羅傑・羅爾斯對自己的奮鬥史隻字未提，而是對記者們講述了對他的人生產生重要影響的人——皮爾・保羅（Peale Paul）的故事。

羅爾斯的小學時光是在諾必塔度過的，那時嬉皮運動在社會上廣為流行。皮爾・保羅擔任諾必塔小學校長不久就發現情況比他想像的還要糟糕，孩子們沒有目標，整天無所事事，曠課、打架，甚至為了逃課經常砸壞教室的黑板和玻璃。為了幫助他們，皮爾・保羅絞盡腦汁，試了很多方法，但是都以失敗告終。

經過長時間的相處，皮爾・保羅發現這群孩子都很迷信，於是他想到有一個辦法也許可以讓孩子們聽從自己的勸導——在上課的時候幫學生看手相。他希望用這個辦法來鼓勵學生，幫助他們建立信心，改掉之前的壞習慣。

有一天，當羅爾斯走向講臺並將他的小手伸向皮爾・保羅時，他絕對不會想到這會改變他的一生。皮爾・保羅仔細

第二章　學會換位思考，贏得更多好感

地看過他的手掌後，十分真誠地說：「我一看你修長的小拇指就知道，將來你一定會成為紐約州的州長。」羅爾斯聽到皮爾‧保羅的話後整個人嚇呆了，因為長這麼大，他聽過最振奮人心的話，就是奶奶所說的，他可以成為5噸重的小船的船長。可是現在，他有點不敢相信自己的耳朵。但是顯然這話對一個小學生來講很受用。羅爾斯記下了這句話，並且堅信自己將來一定會成為紐約州的州長。

從那以後，羅爾斯一改之前的頹廢作風，時刻以自己認知中「紐約州州長」的標準來要求自己：衣服乾淨整潔，沒有一絲皺褶；不說髒話；遠離逃學和打架；走路時挺直腰桿；禮貌地和身邊的人交談。這一堅持就是40餘年，51歲那年，他終於夢想成真，當上了紐約州的州長。

試想一下，如果這位最終實現自己理想成為州長的頑童，當時沒有得到校長的讚美，還會取得日後的成功嗎？答案不言而喻。

真誠的讚美，就如沙漠中的甘泉一樣滋潤著人的心靈，能帶給他人愉悅，能使他人受到鼓舞，還能夠讓在欣賞與讚美中淨化心靈。所以說，讚美是人際關係的潤滑劑，可以約束人的行動，使人自覺地克服缺點，積極向上。

學會讚美他人，在生活中學習和掌握好生活的智慧，以

讚美他人，搭建信任橋樑

欣賞的眼光去看待他人，會讓我們敞開心胸，拓寬眼界，看到更美麗、更和諧的社會和人生。

洛克斐勒（John Davison Rockefeller）曾經說：「要想充分發揮員工的才能，最有效的方法是讚美和鼓勵。一個成功的領導者，應當學會如何真誠地讚美人。我總是厭惡挑人家的錯，而不吝惜稱讚他人的優點。事實也證明，企業的任何一項成就，都是在被誇獎的氣氛下獲得的。」

洛克斐勒成功的祕訣之一，就是真誠讚美他人。讚美可以讓人處於愉快的情緒狀態中，可以強化人的行為。人們只有主觀上認為自己想做才會去做，並且做得更好，讚美可以幫你做到這一點。用讚美的方法來解決問題，在教育中是極為重要的作用。

一位從事教育的官員報告說：「我們決定以稱讚別人來代替挑剔別人的錯誤。但如果只有負面的事情時，也要找些事情來讚美，想辦法去找他們值得讓人讚美的事情，而他們以往所做的那些負面的事，真的不再發生了。接著，他們開始希望得到讚美去做事。出乎意料，他們乖得連我們也不敢相信。雖然偶爾會犯錯，但比以前好得多了。現在我們不必再像以前那樣糾正他們，孩子們做對的事要比做錯的多得多。這些全都是讚美的功勞。即使讚美他最細微的進步，也比斥責他的過失要好得多。」

第二章 學會換位思考，贏得更多好感

　　根據讚美對象的不同，採取的方式和口氣也應不同。例如，對年輕人，語氣上可稍帶誇張；對德高望重的長者，語氣上應帶有尊重。

　　讚美與批評不同，批評只能在私下，而讚美可以在當下直接說出來，而且這樣更容易讓對方在情緒上受到影響，更容易讓人接受和喜歡。

　　精神鼓勵遠遠超越了物質獎勵，讚美就像風之於帆，就像是雨露之於種子。讚美是我們成長過程中不可缺少的營養品，是希望，是動力，是自信，是自我肯定的力量泉源。

　　學會讚美別人，人與人之間便會多一分了解，少一些戒備；多一分溫暖，少一點冷漠。當然，讚美別人，不是阿諛奉承，不是廉價的吹捧，不是投其所好的精神按摩，而是發自內心的欣賞，是友善，是鼓勵，是寬容。真誠而友善地讚美別人，是一種修養，也是一種美德。

記住名字，拉近彼此距離

美國最傑出的總統之一羅斯福，有一個特別成功的祕訣──能記得並叫出 5 萬多人的名字──包括白宮裡修剪草坪的清潔工。

在羅斯福競選總統幾個月前的一次宴會上，他看見席間坐著許多不認識的人，就找到當日宴會的負責人，從他那裡一一打聽清楚了那些人的姓名和基本資料，然後令人驚訝的事情就出現了。

「比斯利先生，能夠見到你真是太好了！豪爾博士，你也在這裡……」這幾個人頓時都愣住了。

「請問您是？」幾個人說出了心中的疑問。

當這些人知道這位平易近人、認識自己、能夠叫出自己名字的人竟是著名政治家羅斯福時，都大為感動，也非常驚訝。

第二章　學會換位思考，贏得更多好感

　　記住他人的姓名，然後自然而然地叫出來，是對他人巧妙有效的恭維。

　　人際溝通的場合中，記住他人的名字，不僅僅是溝通的需求，更是交際場上值得推行的一種妙招。你想，對於能輕而易舉地叫出自己名字的人，怎能不感覺親切呢？彷彿雙方是老友相逢，這時，你有什麼需求，別人怎麼忍心不竭盡全力地幫助你呢？

　　幾個月後，在總統競選中，羅斯福使用了同樣的心理戰術，最後登上了總統的寶座。

　　人們都渴望被他人尊重，而記住他人的名字，是最簡單、最能讓人有被尊重的感覺的方法。

　　拿起團體照時，你第一個找的人一定是自己。看到一大堆的名字時，你先找的名字肯定是自己的名字。

　　在社交和商務場合，你牢記別人的姓名、生日、各種喜好等細節，代表你重視對方，在乎對方。這不但有益於建立良好的人際關係，而且對個人事業的發展也會有很大的幫助。

　　然而，我們當中有多少人這樣做過呢？

　　很多時候，我們被介紹和一位陌生人認識，聊了幾分鐘，臨別的時候，卻連姓名都不記得。更有甚者，會叫錯一

記住名字，拉近彼此距離

個人的名字。

叫錯名字，是一件比記不住名字更令人反感的事情。

上次和你交談的人是王主任，你卻稱呼他為張科長，相信這會成為你們有效溝通的一大障礙。

記住別人的名字，並適時地叫出來，是讓別人留下好印象的祕訣。要想有效溝通，想要初次見面就讓對方留下好印象，就必須讓對方知道，你很在乎對方。能準確地記住一個人的名字，見面時自然地叫出來，正是很在乎對方、重視對方的表現。

反過來說，如果你忘記甚至叫錯了對方的名字，不但會令對方難堪，而且很可能還會招致意想不到的麻煩。記住他人的名字，不失為人際交往中的一條妙計。

第二章 學會換位思考，贏得更多好感

讓對方多談自己，建立共鳴

生活中，很多人經常犯一個錯：為了表現自己，努力多說話。

這種急於讓對方了解自己，明白自己想法的做法，很可能適得其反。其實，這是一種得不償失的行為，因為話說太多，既花費精力，又向他人傳達了太多資訊，讓他人的主角心理在潛意識裡受到傷害。

除此之外，一個說話太多的人，只按照自己的思維組織語言，而缺乏了解對方。他們的話雖然讓對方更了解他們自己，卻無法從對方身上獲得其他東西。這裡的問題並不是別人太吝嗇，而是你沒有給別人機會。

曾經，公司裡有一個女同事，我們都稱她麗姐。在一次聚會上，她說了這樣一件事。從女兒進入青春期以來，麗姐和女兒瑞雪的關係一直都不太好，有一段時期，甚至極度惡化。瑞雪以前是個十分乖巧、聽話的孩子，但是進入青春期

讓對方多談自己，建立共鳴

之後，卻與母親產生了許多衝突，拒絕與母親合作。麗姐曾用了很多方法試圖說服她，但都無濟於事。

「她根本不聽我的話，我幾乎對她絕望了。已經快要考高中了，她還約朋友去公園玩。在她回來後，我很生氣地罵了她。」

「我已經失去耐性了，我傷心地對她說，『瑞雪，你怎麼變成這樣了？』瑞雪似乎看出了我的痛苦。她問我，『你真的想知道嗎？』我點點頭。於是她說了一些從未跟我說過的事情。她認為我總是命令她做這做那，卻從來沒有想過要聽她的意見；當她想跟我談心的時候，我卻總是用家長的權威和她說話。此時，我才知道，瑞雪其實很需要我的理解，不希望我是一個獨斷、專制的媽媽，而是一個親密的朋友，這樣她才能傾訴煩惱。而以前，我從未注意到這些。從那以後，我盡量讓她暢所欲言，而我則認真地聽。現在，我們的關係大大改善了，還成了好朋友。」

我依然記得，麗姐和我說完之後，意味深長地說：「讓她暢所欲言。她對於自己的事情、自己的問題知道的比較多，因此，多問她問題，她會主動告訴你所有的事情。」

人性的自重感，來自比較，這種感覺出現在當對方贏過我們的時候。然而，當我們贏過他們，造成他們產生自卑感

時，我們也引起了他們的猜忌與嫉妒。

讓對方滔滔不絕地談自己，是在給對方一個機會，一種能夠讓對方擁有自重感的機會。滿足了對方的心理需求，他自然會在心裡感激給他自重感的人。

要能有效溝通，就要盡量讓對方多說話，他們對自己的成就和經歷當然比你知道得要多。因此，在必要的時候，向他們多提一些問題，讓他們在表現自重感的過程中，告訴你一些事情。這樣做將會使你們的交流更有效果。

當然，在溝通的過程中，如果你不同意對方的觀點，你可能會想去反駁他。當一個人在自重感的支配下，將自己觀點表達出來的過程中，他對反駁他意見的人的反感更甚於平時。例如，一個飢餓的人，正在狼吞虎嚥的時候，卻被別人搶走了飯碗，那會讓他發瘋的，這比讓他一直挨餓更嚴重。

因此，你要做的事情就是認真傾聽他的觀點，鼓勵對方充分地表達自己的意見。

然而，現實中很多人為了讓別人的意見與自己的觀點保持一致，往往採用一種錯誤的策略：一直說個不停，將自己的觀點強加在別人身上。這往往只會適得其反。

傾聽的力量，遠勝於自說自話

誇誇其談的人也許很滿意自己的口才，但他們往往忽視了更為重要的能力，那便是傾聽。

大多數年輕人都以為話說得越多，在社交圈裡便越受歡迎，其實並非如此。

一位外交官的太太曾細述她丈夫初入外交界，帶她去應酬時，遇到的尷尬。她說：「我不是來自大城市，而滿屋子都是口才奇佳、見多識廣的人。我拚命找話題，不想只聽別人說話。」

一天，她終於忍不住向一位不大講話但深受歡迎的資深外交家吐露了自己的困擾。外交家告訴她：「每個人說話都要有人聽。相信我，善於聆聽的人在宴會中同樣受歡迎，而且難能可貴，猶如沙漠中的甘泉一樣。」

傾聽是一門藝術，我們不僅僅要聽到對方的話，還要能聽出對方的心聲。

第二章 學會換位思考，贏得更多好感

一個學生在學校裡出了事，左腳摔成骨折。心急的家長氣沖沖地到學校要找校長理論，被保全擋在門外。雙方的情緒都很激動，甚至開始動起手來。這時校長來了，他沒有急著為自己辯解，而是大聲喊道：「家長們，你們的心情我可以了解，但是我希望我們能夠坦誠的交談。我說的時候，希望你們認真聽；你們說的時候，我一定不打斷。這樣做對我們解決這件事情會有很大的幫助。」於是，大家都安靜下來聽校長說話。在這一說一聽中，家長們了解了校長的難處，校長也知道家長們的愛子之心，最後大家在相互諒解的情緒下圓滿解決了這件事，甚至後來還成了好朋友。

著名學者查理‧艾略特（Charles William Eliot）說：「專心聽人說話是最重要的，也是對人的最大尊重。」

烏託先生在商店買了一件衣服，很快他就失望了：衣服會褪色，而且將襯衫的領子都弄髒了。他拿著這件衣服來到商店，想向店員說明事情的經過，可是店員總是打斷他的話。

「我們賣了幾千件這樣的衣服，」店員說，「你是第一個找上門來抱怨衣服品質不好的人。」他的語氣似乎是在說：「你在說謊，你想誣賴我們。」

吵得正凶的時候，第二個店員走了進來，說：「所有深

> 傾聽的力量，遠勝於自說自話

色禮服開始穿時都會褪色，沒辦法。特別是這種價錢的衣服。」

烏託先生氣得差點跳起來，他想：第一個店員懷疑我不誠實，第二個店員說我買的是次等品，真氣人！

他正準備說：「你們把這件衣服回收，隨便扔到什麼地方，隨便你吧！」這時候，商店的負責人來了。

這位負責人很內行，他的做法改變了烏託先生的態度，使這位被激怒的顧客帶著滿意的笑容離開了。

這位負責人一句話也沒講，先聽烏託先生把剛才發生的事情講完，然後他開始站在烏託先生的立場說話，反駁那兩個店員。他不僅指出顧客的領子確實是因衣服褪色而弄髒的，而且還強調說商店不應出售讓顧客不滿意的商品。後來，他承認他不知道這件衣服為什麼會出這樣的問題，並直接對烏託先生說：「您想怎麼處理？我一定照您說的辦。」

幾分鐘前還準備把這件衣服扔回給他們的烏託先生心平氣和地說：「我想聽聽您的說法。我想知道，這件衣服以後還會不會再染髒領子，是否有辦法解決這個問題。」

這位負責人建議烏託先生再穿一個星期。「如果還不滿意，就把它拿來，我們想辦法解決。很抱歉，給您添麻煩。」他說。

> 第二章　學會換位思考，贏得更多好感

　　烏託先生滿意地離開了商店。七天後，衣服不再褪色了，他也完全相信這家商店了。

　　只要你想成為一個有作為的人，你就必須學會傾聽，這樣你才能在人生的賽跑中跑在最前面。

創意引領對話，觸動心弦

在蒙大拿州一個偏遠的山村，一位農民正在放牧。突然，一輛嶄新的高級轎車出現在他的面前。開車的人穿著非常講究，他搖下車窗探出頭來對農民說：「我敢打賭，我能非常準確地說出你的牛群有多少頭牛。如果我說對了，你就送一頭小牛給我，怎麼樣？」

農民看著這個一身名牌的傢伙，又看了看漫山遍野的牛群，靜靜地說：「當然可以。」

來人停好自己的車，取出他的戴爾筆記型電腦，連線上摩托羅拉行動電話，登入美國航天局的頁面，在那裡他申請了一個 GPS 衛星定位系統的服務，確認自己現在所在的位置。然後他要求另一顆衛星提供他所在位置的高畫質照片，他用影像處理軟體打開得到的數字及照片，將這些照片寄給德國漢堡的數字影像處理中心處理。沒多久之後，他收到了電子郵件，圖片已經處理完畢，資料也被儲存了起來。然後

第二章　學會換位思考，贏得更多好感

他登入了微軟資料庫系統，將電子郵件上的資料輸入電子表格系統，幾分鐘後他得到了結果。

最後他用微型高精度雷射印表機列印出一份150頁的全彩報告，他拿著報告笑看著農民：「哈哈，1,586頭，怎麼樣？」

「完全正確，好吧，你可以挑選一頭『小牛』帶走。」農民答道。

農民平靜地看著來人走進牛群，又笑嘻嘻地看著他挑選了一頭「小牛」放進他的車裡。之後農民走向他的車子說：「嗨！如果我能準確地猜出你的職業，你能把牠還給我嗎？」

來人看著這個鄉下人想了想，點點頭：「當然，為什麼不呢？」

「你一定是個國會議員。」農民毫不猶豫地說。「哇！太準確了！」來人驚呼，「你怎麼猜得這麼準？」

「根本就用不著猜，」農民說，「你們總是這樣。第一，沒有人請你來，你卻不請自來；第二，你願意花大量的時間和金錢去研究一個問題，其實你想要的答案我早就知道了；第三，我沒有向你提出任何問題，但你卻自己製造出問題；第四，你們總是誇誇其談，顯得非常能幹。你們總喜歡拿所謂準確的資料說話，但你們並不了解那些資料背後的實際情況，比如，你知道我牧群的數字，可是我要告訴你我放的是

創意引領對話，觸動心弦

羊而不是牛……」

議員目瞪口呆地看著農民。

農民伸出雙手說：「好了，現在把我的牧羊犬還給我吧。」

這是在網路上廣為流傳的一個故事。在這個故事裡，我們可以看到創意的力量。

可以假設這是某個人講的一個故事。那麼他想表達什麼呢？其實，作者只是想諷刺一下這位議員只會空談，處理問題不實際，表面上做出一副會分析、會推理的樣子，其實只是些華而不實的小手段罷了。

但是如果作者很直白地指出這些弊病，赤裸裸地批評議員一番，不僅無法引起大家的共鳴，還可能會被視為是憤怒青年。一旦他把自己想表達的東西融入這種具有創意的小故事裡，在人們大笑後，作者的意見就很容易被接受了。

我們在表達自己意見的時候，總是無法確定別人是否會接受自己的想法。如果連想法都直接被否定了，那麼接下來的行動一定會更加困難，所以我們想要得到他人的支持，就必須使他人認同自己的想法。如果你能在表達自己的想法時多加些創意，像這個故事一樣，引起聽者的共鳴，那你的想法就可能會得到別人的支持。

第二章　學會換位思考，贏得更多好感

適度放下，獲得更多

　　有些人自認為聰明，事無鉅細斤斤計較，殊不知這種行為實際上是愚蠢的，往往會因小失大。這樣的例子不勝枚舉。那些受嘲笑的、不愛計較、和善易處的人，卻往往有一種智慧叫大智若愚。有時，糊塗並不是無智，相反，它是隱藏著的智慧；糊塗不是無能，相反，它是人類的潛能。

　　因為有些事情如果非要計較，反而會更麻煩。所以在人際交往中，適時地裝糊塗很重要。心胸開闊、寬容大度，有時候就可以大事化小，小事化無。尤其是在某些具爭論性的話題尚未得出結論時，不要爭強好勝，只要不是原則性的問題，有時候適時地退讓、裝糊塗，會讓大家相處得更愉快。

　　有些時候，說話過於直白，反而達不到預期的效果。處於讓人尷尬的場景時，模糊的語言更容易化解尷尬。

　　有一家旅館要招募一名男性職員，面試時只剩下 3 個人。面試的過程很簡單，老闆只問了一個問題：「假如你無

適度放下，獲得更多

意間推開房門，看見女客人一絲不掛地在淋浴，而恰好她也看見了你。這時你會怎麼辦？」他們各自在答題卡上寫下了自己的答案。

甲的答案是：說聲「對不起」，然後關門退出。

乙的答案是：說聲「小姐，對不起」，然後關門退出。

丙的回答則有些讓人意外：說聲「先生，對不起」，然後關門退出。

最後丙被錄取了，原因是他的回答比其他兩人更加機智。前面的兩個人雖然說的都是實話，可是在那種場面下，這樣的實話會讓女客人窘迫不已，十分尷尬。而丙的這種裝糊塗的做法，讓顧客減少了心理負擔，能讓當時的場面得到最妥善的解決，可謂是「一石二鳥」。

在現實生活中，我們經常會碰到類似的尷尬情況，不能不回答，但是直接回答又過於尷尬，這時同樣可以巧妙地使用糊塗語言回覆。當然這也算是善意的謊言，但只要我們運用得當，不僅能夠極大地增進人與人之間的友誼和情感，還會讓我們的生活更加多姿多彩。

著名阿根廷的足球運動員迪亞哥・馬拉度納（Diego Armando Maradona）被人們譽為足球場上的「上帝」，是最偉大的球員之一，也是最有爭議的球員之一，1986 年馬拉度納憑

第二章　學會換位思考，贏得更多好感

藉自己的傑出表現率領阿根廷隊第二次獲得世界盃冠軍。

在 1986 年的世界盃上，阿根廷隊和英格蘭隊相遇。比賽中馬拉度納進的第一顆球是頗有爭議的「手球」，當時裁判並沒有看到，判定此球有效。但是有一名墨西哥的記者清楚地拍到了這個鏡頭，於是賽後有記者問他，第一顆進球是頭球還是手球？馬拉度納的回答很巧妙，既沒有否定也沒有承認，他說：「此進球一半是馬拉度納的頭，另一半是上帝之手。」

馬拉度納既回答了記者的提問，又模糊了事實。倘若他直接承認是手球，那麼球迷一定會認為比賽不公平，從而否定裁判的權威性；但是如果他不承認又很沒有誠信，於是他將一切都歸結為上帝的旨意，說是「上帝之手」讓球進入球門的，既維護了球場的規則，又表明自己是光明磊落的。

由此可見，在某些場合，模糊的語言確實發揮了重要作用，能夠緩解氣氛，讓自己和他人有臺階下，實現雙贏。有時候糊塗是一種大智慧，可以為我們化解那些難以處理、難以解決的矛盾和衝突。所以「難得糊塗」歷來被推崇為高明的處世之道。也是一種取得勝利的策略。

某學校的實驗室不見了幾片凸透鏡。一天，一位實驗室的老師無意間發現幾個學生拿著凸透鏡在太陽下玩，學生看

適度放下，獲得更多

到老師之後很慌張，於是老師確定自己的猜測沒錯。但是為了讓孩子們在不傷害自尊心下得到教訓，他並沒有直接戳破孩子們，而是笑著說：「哎，你們找到凸透鏡了啊！我還在想，不知道在搬動實驗設備時這些凸透鏡掉到哪裡去了，下午的課都沒有辦法上了。我沿途找了好多次都沒發現，還是你們厲害。我的課在最後一節，既然你們找到了，為了獎勵你們，你們繼續剛才的實驗吧，最後一節上課前還給我就可以了。」

學生們鬆了一口氣的同時也慚愧地低下了頭。下午，學生果然準時將凸透鏡送回了實驗室。

這位老師很聰明，故意裝糊塗，將責備化成了感激，自然令學生在擺脫尷尬的同時又羞愧不已。老師的目的順利地達到了，同時還維護了學生們的自尊心。

由是觀之，難得糊塗是一種科學、智慧、藝術的處世之道。有時候裝糊塗，不過於斤斤計較，既有保護自己也有拯救他人的功能。但需要注意的是，說糊塗話要講究場合、要看人，這樣才能收到預期效果。

有時候，故意裝糊塗也是一種人情的練達。在一些特殊的場合中，人要有能屈能伸的胸懷。當然，做到「明知故問」絕非易事，如果沒有高度涵養，是做不到的。而且還要注

> 第二章 學會換位思考,贏得更多好感

意,一律糊塗,不可取;萬事糊塗,要不得。我們要在該糊塗時糊塗,不該糊塗時就應表明立場。

第三章

換位思考的力量,讓人際關係更順暢

第三章　換位思考的力量，讓人際關係更順暢

　　在競爭如此激烈的今天，與別人有觀念上的差異是不可避免的。如果表達的時候橫衝直撞，則很有可能事與願違。

　　而如果我們都能用一種更加委婉的方式表達自己的想法，那麼在競爭中我們就占了優勢。

誠信為本，築牢人際基礎

常言道，人無信不立。誠信的基本含義是守諾、踐約、無欺，是做人做事的根本。一個人只有遵守諾言，才能得到別人的信任，才能贏得別人的尊重。無信的人憑藉一時的欺騙和手段，雖然可以獲得短暫的利益，然而時間久了，當伎倆被人識破，他們終將為人所討厭、疏遠。商鞅和周幽王的故事就是很好的佐證。

春秋戰國時期，戰爭頻繁，人心惶惶，秦國的商鞅在秦孝公的支持下實施變法。為了樹立威信，推動改革，商鞅下令在都城南門外立一根三丈高的木頭，並當眾許下諾言：誰能把這根木頭搬到北門，賞10金。圍觀的人沒有人去試，因為他們不相信如此輕而易舉的事能得到如此高的賞賜。於是，商鞅將賞金提高到50金。重賞之下，必有勇夫！終於有人站出來將木頭扛到了北門，商鞅立即賞了他50金。商鞅藉由這件事，在百姓心中建立了威信，接下來在秦國推行變

第三章 換位思考的力量，讓人際關係更順暢

法。新法使秦國漸漸強盛，最終統一了六國。

頗為諷刺的是，在商鞅「立木為信」之地，曾發生過一場令人啼笑皆非的「烽火戲諸侯」鬧劇。

烽火是古代邊防軍事通訊的重要手段，只有在外敵入侵需召諸侯來勤王的時候才能點燃。周幽王為博寵妃褒姒一笑，下令在都城附近的 20 多座烽火臺上點起烽火。臨近的諸侯們見到烽火，以為犬戎打過來了，率領兵將匆匆趕到，卻沒想到連一個犬戎兵的影子也沒有，只聽到山上傳來陣陣舞樂之聲。大家都愣住了，得知君王這麼做只是為了博美人一笑後憤然離去。褒姒看到平日威儀赫赫的諸侯們手足無措的樣子，終於展顏一笑。然而 5 年後，犬戎大舉進攻，周幽王再燃烽火而諸侯卻一人未到，結果幽王被逼自刎，而褒姒也被俘虜。

周幽王烽火戲諸侯，民心盡失，最終國破家亡，被後世傳為笑柄；商鞅講信用，不僅得到了天下人的尊重和愛戴，而且在秦國樹立了威望，成功推行變法，助秦王建立不世功業，他的誠信美德千古流傳。

誠信是一個人的根本。有時候，不誠信或許會讓我們以為找到通往前方的捷徑，但是那些利益只是眼前的，從長遠看來，失去的卻更多。

誠信為本，築牢人際基礎

一個士兵，不善於長跑，在一次路跑賽中很快就遠遠落後，他只得一個人獨自前行。轉了幾個彎後，遇到了岔路口，一條路標明是軍官用道，另一條路標明是士兵用道。他停頓了一下，雖然對軍官連路跑賽都有特權感到不滿，但他仍然朝著士兵的小路跑去。半個小時後，他終於到達了終點，但是奇怪的是，終點只有他一個人。他感到不可思議，自己前面明明有很多人，為什麼是自己先到了終點。他看向主持賽事的軍官，軍官沒有給他答案，只是笑著恭喜他獲得了比賽的勝利。幾個鐘頭後，陸續有人到達終點，他們個個跑得筋疲力盡。原來這些人都在岔路口時作弊，選擇了軍官用道。

一個人只有以誠信為準則，才能抵擋生活中的各種誘惑，守住做人的底線。沒有誠信的人，往往為了一點蠅頭小利便迷失自己，最終失去了應有的素養，也失去了機會和財富。有誠信的人，不會為了眼前的利益放棄自己做人的原則，也許會暫時處於較為窘迫的境地，但終會走出困境甚至得到加倍回報。而無信的人，即使透過欺騙等手段獲得利益，然而當別人發現他沒有誠信時，這些財富也會離他而去。

凡是心中有理想，並為之努力奮鬥的人，都會重視誠信的力量。只有誠摯待人、光明坦蕩，才能贏得他人的信賴和

支持,為自己的事業和交際打下良好的基礎。

誠信如同一塊璞玉,可能開始看起來與普通石頭無異,然而終有一天,它會為自己帶來巨大的收益。而隨意丟棄它的人,最終也將得到惡果,即便有心找回,卻也沒有那麼容易。

孔子說:「人而無信,不知其可。」誠信是無形的「名片」。古人講「人之交,信為本」。真誠守信是交往的基本要求,是獲得他人理解信任的前提條件,是獲得真摯友情、促使交往成功的最好方法。

打造理想的人脈圈

很多人都會對「你有沒有朋友」這個問題感到莫名其妙。誰沒有朋友呢？然而很多人卻會對「你有多少朋友、有幾個知心朋友」的問題保持沉默。

俗話說：「在家靠父母，出外靠朋友。」多一個敵人多一道牆，多一個朋友多一條路。

「物以類聚，人以群分」，我們在交朋友時都會首選那些和自己情趣相投的人。所以，我們想要更直接地了解一個人，他的交友圈可以作為一個重要的參考標準。法國科學家法拉利（Ferrari）曾經說過：「如果你想了解你的朋友，可以透過一個與他交往的人去了解他。因為一個飲食有節制的人自然不會和一個酒鬼混在一起；一個舉止優雅的人不會和一個粗魯野蠻的人交往；一個潔身自好的人不會和一個荒淫放蕩的人做朋友。和一個墮落的人交往，表示自身品味極低，有邪惡傾向，最終必然把自身的品格導向墮落。」

第三章　換位思考的力量，讓人際關係更順暢

　　一個人選擇什麼樣的朋友，不僅影響自己的生活及行為方式，甚至對學識、情操、品德等也有巨大的影響。正如林肯所說：「從某種意義上講，你選擇了什麼樣的朋友，便選擇了什麼樣的人生。」

　　三國霸主之一的劉備，原本只是一個賣草鞋的小販，偶然看到城牆上張貼的「朝廷招募英雄豪傑征討黃巾賊」的皇榜，因緣際會下結識了張飛和關羽。在張飛和關羽的協助下，劉備拉開了霸業序幕。

　　後來劉備聽說諸葛亮有大德大才，於是三顧茅廬，請諸葛亮出山輔佐自己。諸葛亮深為劉備的誠懇感動，為報答劉備的知遇之恩，決心助力劉備成就霸業。正是有了關羽、張飛、諸葛亮等這些忠肝義膽、文武兼備的朋友，劉備最終才在巴蜀稱帝。

　　每個人交朋友都有自己的標準，但是無一例外都是善交益友、樂交諍友、不交損友。品德高尚的人，歷來受人推崇，也是人們願意結交的對象。魏徵就是唐太宗李世民的一位「諍友」，幫助他成就了「貞觀之治」，在歷史上留下了濃墨重彩的一筆。魏徵死後，唐太宗深感悲痛，傷心大哭。

　　我們在選擇朋友的時候，應該選擇優秀的人、高尚的人。與這些人交往，我們會受到感染和鼓舞，增加自身的生活

閱歷。

印度傳教士馬丁（Henry Martyn）就是因為朋友的影響而改變了一生。

馬丁天資不高，成績平平，在老師看來他不適合讀大學。但是他的父親為了讓兒子擺脫平庸的命運，將他送進了劍橋大學。在那裡，他結識了一位朋友，也正是這位朋友，改變了馬丁的命運。這位年紀比馬丁稍長的學生成了他的指導老師，幫助馬丁學習。當時的馬丁情緒容易激動，脾氣暴躁，而他這位朋友卻情緒穩定，具有耐心。他總是照顧、指導和勸勉馬丁，不讓馬丁結交壞朋友，並要求他認真讀書，「這不是要得到別人的稱讚，而是為了上帝的榮耀」。馬丁在他的幫助下進步很快，第二年的成績馬丁即名列全年級第一。後來，馬丁成了一位印度傳教士，給予很多人無私的幫助。

先賢孔子曾經說過：「與善人居，如入芝蘭之室，久而不聞其香。與惡人居，如入鮑魚之肆，久而不聞其臭。」墨子的比喻則更為具體，他把擇友比作染絲：「染於蒼則蒼，染於黃則黃，所入者變，其色亦變。五入必，而已則為五色。故染不可不慎也。」與高尚的人在一起，你會受到他的感染，從而使自己也變得高尚起來。

第三章 換位思考的力量,讓人際關係更順暢

「水至清則無魚,人至察則無徒。」每個人都不可能十全十美,我們對朋友也不能求全責備。正所謂「尺有所短,寸有所長」,朋友相交貴在有所助益。

古人云:「砥礪豈必多,一璧勝萬珉。」意思是說,朋友不在多,貴在交諍友。如果我們能認識幾個諍友,那麼在前進的道路上,就會少繞遠路。

真正的朋友會真誠地關心你,為你的錯誤痛心;真正的朋友會直言指出你的盲點和缺點,真心希望你成功優秀;真正的朋友就像一面鏡子,幫你認清自我。擁有肝膽相照,直言不諱的諍友是我們人生的幸運和福氣。

說謊能否美化關係？

我們前面講過誠信是做人的根本，是人際交往中必須遵守的原則。然而當我們面對一些特殊情況的時候，也需要學會適當變通一下，以獲得更好的效果。善意的謊言也是一種很美的交際方式，適時的善意謊言，反而比刻板的真誠更容易讓人心動。

善意的謊言和謊言不能混為一談。因為通常狀況下，不會因為自己的私利而編造出善意的謊言，而是為了他人的幸福和希望去隱藏真實的狀況。善意的謊言是一種信任，一種諒解，一種寬容，更是一種力量。

一位母親得了嚴重的腎臟病，醫生建議換腎。兒子聽了醫生的話後，去做了配對檢查。老人家心疼孩子，強烈反對換腎，還威脅兒子說，如果他捐腎，她就自殺。無奈之下，大家只好四處釋出消息，希望能找到各種條件都相配的腎臟。然而這談何容易？為了不耽誤母親的病情，兒子和家人商量騙

第三章　換位思考的力量，讓人際關係更順暢

過了母親，將自己的一顆腎臟捐給了她。

手術很成功，兒子的病房就在母親的隔壁，但是母親並不知道。母親想見自己的兒子，家人就騙她說兒子因公務出差去了。最後，等母親康復出院，家人才告訴她真相，母親聽後不禁潸然淚下。

為了救母親而說謊的兒子，誰又會指責他呢？善意的謊言，體現出人性中最寶貴的真、善、美，讓人欽佩，讓人感嘆。

小麗和小雲是同事兼室友。小麗生長在單親家庭，家境普通，母親因為父親的關係經常對她不好，有時候心情不好還會拿她出氣，所以小麗的性格有些孤僻又不愛說話。有一次小麗生病了，家人卻置若罔聞，小麗很傷心，幾乎對生活失去了信心。小雲看在眼裡，很為小麗擔心，但是無論小雲怎樣安慰小麗，小麗的情緒依舊很低落。

小雲找來自己的男友幫忙，以小麗同學的角色寫了一封信給小麗。信中寫道：「其實我很久之前便對你有好感了，可是你卻從來沒有注意到我很在意你。別人都說你悲觀消沉，沉默少言，但我就是喜歡你的文靜。你知道嗎？這才是女性的沉穩、溫柔之美……只要你對生活充滿信心，改變對生活的態度，你的眼睛就會發出光芒來……希望有一天，你會感

說謊能否美化關係？

覺到我的存在。」原來小雲是想借別人的鼓勵來幫助小麗走出消極的生活狀態。

果然，小麗收到這封沒有署名的來信後，十分激動，讀完之後還露出了羞澀之態。她連有時候做夢都在問：「你是誰？我怎麼不知道這個世界上還有人喜歡我？」小麗開始覺得世界是溫暖的，對生活也漸漸有了信心。人生價值觀發生巨大改變的她，工作越來越出色，幾次被選為模範勞工。後來，一個善良而能幹的男人走進了她的生活，他們組成了一個幸福的小家庭。一個善意的「謊言」，讓一個對生活失去信心的人獲得了新生，重新感受到了世界的美好。

小雲沒有和小麗一起感慨惆悵，終日沉浸在悲傷之中，甚至影響到她自己對生活的信心。而小雲卻用善意的「謊言」，讓自己的朋友從危機中走了出來，獲得了幸福的生活。善意的「謊言」具有神奇的力量，它能鼓舞人不斷地努力，向著心中理想的目的地不斷前行，生活也因此變得更加美好。

在現實生活中，善意的謊言必不可少，只要我們運用得當，不僅能夠極大地改善人與人之間的關係，還會讓我們的生活更加多姿多彩。

第三章 換位思考的力量，讓人際關係更順暢

經常交往，建立深厚人脈

妻子有個非常好的朋友，經常到家裡來做客。

這天，妻子要求我幫她的朋友介紹一個對象，我隨口說了一個朋友，妻子簡直要跳起來了：「啊？他哪裡配得上我這個姐妹？絕對不行！」

其實，她的朋友本身條件也很普通，不過，在妻子眼裡卻不普通。

過了兩天，妻子又催我：「你趕緊幫我好姐妹找一個對象。」

我找不到適合的人選，只好再提起先前說的那個人。妻子還是那句話：「不行，他配不上我姐妹。」

我要求妻子描述她的姐妹有多棒時，她卻說不出來。當我要求她何以認為我的朋友配不上她的姐妹時，她也只是說了幾個無關痛癢的理由。

經常交往，建立深厚人脈

可能是妻子告訴了她的姐妹我提過的這個人，過了幾天，她的姐妹提出想見一見這個人。

令我意外的是，兩個人很快對上了眼，妻子也覺得不可思議。

事情過後，認真想一想，自己是否有這種傾向——潛意識裡，你是否覺得和你關係好的朋友無可挑剔，而別人都是高攀？

這是一種多看心理產生的效應。

先讓你看一組照片，其中有些照片出現了二十幾次甚至更多，有的只出現過幾次，之後讓你說說對照片的喜愛程度。你是喜歡只看了幾次的照片還是看了二十幾次的照片？

美國芝加哥大學曾經做過這個試驗，結果發現，試驗者看到某張照片的次數越多，就越喜歡這張照片；而那些只看過幾次的照片，試驗者則表示幾乎沒有印象。也就是說，看的次數與喜歡的程度成正比。

這種對越熟悉的東西越喜歡的現象，心理學上稱為「多看效應」。或許可以解釋上文中，為什麼我問妻子她的朋友有哪裡好時，她卻回答不出來。

有好人緣的人，是那些積極活動的人。到朋友家中多走動走動，哪怕只是露個臉，小坐一會，也會有助於提高人際

第三章 換位思考的力量,讓人際關係更順暢

關係。

自我封閉,埋頭苦幹,想依靠一個人的努力來實現自己的目標,並非明智之舉。不妨與同事好好相處,多與主管交流溝通,往往能夠幫助你贏得好人緣,受到主管的器重。

在與主管、同事的交往中,恰當地運用「多看效應」,可以培養與主管、同事之間的親密感情。你可以發現,經常在主管身邊出現的人,往往就是受到主管的信任,更被委以重任的人。

然而,在職場中,很多人卻總是對主管又敬又怕,害怕見到主管,如果某一天在路上碰見,甚至會刻意避開。這是非常愚蠢和幼稚的行為。主管通常都十分忙碌,沒有太多的閒暇時間留給某個下屬。經常主動出現在主管的視線範圍,與主管進行頻繁而短暫的交流,才能讓主管加深對你的印象。當主管需要幫忙的時候,自然首先會想到你。

在職場中,同事間如果能運用「多看效應」,提高效率,縮短見面時間,增加見面次數,則更容易增進彼此感情,收到事半功倍的效果。當然,這裡需要說明,「多看效應」發揮作用的前提,是第一印象要好;即使不好,也不能太差。若給人的第一印象很差,則見面越多就越討人厭,「多看效應」反而會造成反效果。

偶爾附和,維持和諧關係

在人際交往中,有很多種方式可以讓對方留下好印象,而附和就是透過換位思考獲得好人緣的有效方式之一。通常,附和多具有貶義,指因贊同別人的言行而表示應和、追隨。但是這裡所說的附和,是指在交談過程中為他人著想,或指傾聽者對說話者的態度。

美國的心理學家曾做過有關傾聽者的態度會對說話者產生多大影響的試驗。參與調查的 48 名大學生,分別參加了兩個階段的面試。在面試的過程中,面試官會在第一階段和第二階段表現出兩種不同的態度,附和或不附和,然後觀察面試者的反應,並讓面試者選出自己最喜歡的、有親和力的面試官。

結果發現,如果面試官在第一階段附和而第二階段沒有附和,面試者對其印象的好感度會下降;在第一階段和第二階段都附和的面試官,面試者表示對其印象一直都很好;在

第三章　換位思考的力量，讓人際關係更順暢

第一階段沒有附和但是在第二階段附和的面試官，面試者對其印象的好感度會逐漸上升。可見，談話與傾聽者的附和程度有很大關係。如果傾聽者對無聊、乏味的談話堅持附和到底，那麼就能夠贏得對方的好感。因為傾聽者的附和是對說話者觀點的贊同或者是欣賞，而且還暗含了鼓勵他繼續說下去之意。

其實附和的方式很簡單，只要你在對方說話的過程中，適度地插入一些鼓勵的詞語就可以了，如「您說得太棒了！」、「非常正確！」、「這確實讓人氣憤！」等等，而這些簡單的句子能夠表達出你對說話者的了解和支持，使其情感得到釋放，找到依託。當然，除了上述的方式之外，傾聽者為了讓說話者知道自己一直在認真地傾聽，還可以在說話者說完一段內容之後，將其意思總結一下，而後問對方自己的理解是否有誤，並就內容提出問題，以此來表達自己對談話內容的關注。這樣一來，對方不僅能夠感受到你的重視，還願意跟你進一步地交流。

一位老教授與幾個學生閒聊，一個學生問起了教授當年讀書時的事情。教授說：「我們沒有辦法和你們相比，現在學校有體育館、娛樂室、咖啡廳、遊戲廳、電影院，只要你們想，生活就能過得豐富多彩。我們那時候就單調多了，只有教室、圖書館、宿舍，沒有什麼娛樂設施，單調得很呢。」

> 偶爾附和，維持和諧關係

　　學生聽了教授的話都笑了，教授接著說：「單調也有單調的好處。所有的精力都用在讀書上，整天泡在圖書館，基礎知識特別紮實，為後來的研究工作奠定了基礎。這就像蓋房子，沒有好的地基，再漂亮的房子最終也可能轟然倒塌。那時候，沒有科技產品，自然也就不會有電腦、文獻電子檔，完全依靠圖書館裡的紙本資料，跟你們現在相比要難多囉！」

　　附和是傾聽技巧中最基本的一項，即使無法做到在傾聽的過程中提出有用的建議，只單純地附和也能夠讓說話者感受到你的誠意，從而對你產生好感，將你劃入他的交友圈。

第三章　換位思考的力量，讓人際關係更順暢

禮貌為先，讓關係更圓滑

以禮待人是中華文化的傳統美德。古人云：「君子不失足於人，不失色於人，不失口於人。」意思是說，有道德、有修養的人待人應該彬彬有禮，態度不能粗暴傲慢，更不能出言不遜。

禮貌是禮儀的外在表現。正如歌德所說：「一個人的禮貌是一面照出自我的鏡子。有一種內在的禮貌，它是與愛相連，它會產生出最令人愉快的禮貌。」所以說，得體的禮儀是贏得別人信賴的重要條件之一。「禮」並不只是一種外在的表現形式，更是溝通感情的一座橋梁。如果人們能自覺地做到以禮待人，不僅能改善人與人之間的關係，還可以提升個人修養，讓自己更有魅力。

心理學研究顯示，每個人都希望受到尊重、尊敬。人們都渴望自立，成為家庭和社會中真正的一員，平等地與他人進行溝通。因此，如果你能以禮貌的態度與人溝通，對方會

感覺受到尊重,進而對你產生好感;相反,如果你自覺高人一等,居高臨下、盛氣凌人,對方會感到自尊受到了傷害而拒絕與你來往。

一天,一位女士帶著一個小男孩走進美國某著名企業集團的花園。他們坐在一張椅子上,女士隨手將一團用過的衛生紙丟在了旁邊的灌木叢上,然後開始大聲喝斥男孩。這一幕恰巧被一位正在修剪樹木的老人看見。老人看了看那位女士,默默地把紙團撿起來扔到了附近的垃圾桶裡。沒想到,幾分鐘之後,那位女士又拿出一張紙巾,擦了擦臉後再次隨手丟掉。老人依舊一言不發,又走過去把紙巾撿起來扔到了垃圾桶裡。

看到這一幕,女士指著老人大聲地對男孩說:「你看,如果你再不好好讀書,你將來就會和這老頭一樣,一輩子做這些低賤的工作。」老人聽了,放下手裡的剪刀,來到女士的面前,問道:「夫人,請問您是這家公司的員工嗎?這裡是公司的私人花園,只有員工才能進來。」女人一聽老花匠竟然質疑自己的身分,立刻拿出證件在老人面前晃了晃,傲慢地說:「我就在這裡工作!」老人沉默了一會,打了一個電話後繼續自己的修剪工作。

一會,一名高階主管匆匆趕來,畢恭畢敬地站在老人面前說:「我這就照您的吩咐免去這位女士的職務。」老人沒有

第三章　換位思考的力量，讓人際關係更順暢

回答來人的話，走到小男孩的面前，說：「孩子，這世界上最重要的，不是學會一身本領，而是要學會尊重每一個人。」說完便轉身離開了。

那位女士愣在那裡不知所措，不明白自己的上司為何如此尊敬一位老花匠。高階主管嚴肅地說：「這位老人是我們集團的總裁。而現在，你被開除了。」女人頓時僵在原地，難以置信地看著老人離開的方向，喃喃地說：「他竟然是總裁詹姆斯先生。」

我們的人際關係隨著社會和經濟的不斷發展變得越來越錯綜複雜，但是「凡事禮為先」是亙古不變的真理。

《詩經》有云：「謙謙君子，賜我百朋。」多禮能展現一個人的修養，很多事情的成功往往在於你尊重對方。當「禮」已經成為你生活中的一種習慣，它將會幫助你打開人際交往的局面，帶領你走向成功。

傾注熱情，換取真誠回報

　　換位思考不僅對日常生活中的人際關係很重要，對行銷的作用也很大。行銷人員不僅要深入市場做調查，了解客戶的需求，還要了解客戶的心理，這樣才能與他們更順利地進行情感交流。

　　老王和老李年紀相仿，在同一條街上賣豆腐，吆喝的腔調一樣悠長有餘韻，但兩人的生意卻不一樣，老王的生意總是比老李的要好。起初老李覺得奇怪，都是一樣白嫩的豆腐，這是為什麼呢？後來，他逐漸發現了其中的奧祕。原來，同樣是賣豆腐，老王總是會比自己多問一句話。

　　比如，張大媽去買豆腐，老王會再多問一句：「身體還好吧？」如果是跑車的趙先生去買，老王會說：「工作還好吧？」話語裡透著體貼和關心。時間久了，大家都把老王當成朋友，即使不需要豆腐，聽到他的吆喝聲，也會多少買一點。

　　賣豆腐的老王主動與客人說話，進行情感交流，讓客人

第三章 換位思考的力量，讓人際關係更順暢

覺得老王不是在賣豆腐，而是在關心他、想著他，因此大家非常認同他的產品和服務。

一家生意興隆的麵包店僱用了很多女店員。她們個個彬彬有禮，老主顧們都很喜歡她們。其中一名女店員尤其出色，就算顧客還在排隊等結帳，她也能親切地叫出他們的名字，向他們問好。她自己招呼顧客更是熱情周到，最後還會關切地問一句：「還需要什麼服務嗎？」

有一天，店裡來了位顯然是「陌生人」的女客人，她看到這位店員後似乎想起了什麼，問道：「幾年前您是否在一家大食品行工作？我常去那裡，對您有很深的印象。」

這個例子證明了：熱情總是會達到正面的效果。這是使自己脫穎而出並與他人建立起特殊關係的捷徑。

在合作的過程當中，當客戶向你提出某些顯然需要費些力氣才能完成的請求時，你不要露出大吃一驚的樣子，也不要發牢騷，也別把麻煩的情緒寫在臉上。

在與客戶交流時一定要表現出你的熱情。你的熱情會讓客戶覺得你重視他、關心他，與他站在同一陣線上，還表達你樂於幫助他，願與他攜手前進。這樣一來，何愁業績不來？

靈活轉變，讓目標更易達成

說話的時候太直白就容易撞牆，碰了一鼻子灰不說，還要遭到別人的白眼。

怎樣說話才不會碰壁呢？那就是遇到困難的時候要懂得轉彎。

有一位先生不僅才華洋溢，也認真努力地生活。然而，他直言不諱的個性，讓他好像永遠都無法與他人和平共處。

他總是說些不該說的話，無意中傷害了他人的感情。他的努力變得毫無意義，因為在他的腦子裡從來就沒有「換個方式說話」的觀念，他經常都在得罪和冒犯他人。

我們都可能認識這樣的人，他們以無所忌憚、魯莽直率的說話方式為榮。他們認為這是一種真實的表現，是一種獨特的個性。在他們看來，那些迂迴曲折的表達方式和人際交往中常用的外交辭令，都是懦弱和虛偽的表現。他們所信奉的是「有什麼就說什麼」。然而，這樣的人很難獲得成功。

第三章　換位思考的力量，讓人際關係更順暢

儘管人們相信他們是誠實的，由於他們不願意修飾話語，不善於察言觀色，而常常把事情搞得一團糟。每次他們說話，總是會觸及他人的痛處，常常惹得他人火冒三丈。這樣的人怎麼可能會成功呢？

我們都喜歡受到體貼入微的關懷，喜歡被別人溫柔地對待，希望和聰穎機智的人打交道。

因此，即使是講真話也要把它轉換成別人能接受的方式說出來。德皇威廉二世（Wilhelm II）派人將一艘軍艦的設計圖交給一位造船界的權威人士，請他評估一下。他在所附的信件上告訴對方，這是他花了許多年、耗費不少精力才研究出來的成果，希望對方能仔細鑑定一下。

幾個星期之後，威廉二世接到了這位權威人士的報告。這份報告附有一疊十分詳細的分析推論內容。報告是這樣寫的：「陛下，非常高興能見到一幅美妙的軍艦設計圖，能為它做評估是在下莫大的榮幸。可以看得出來這艘軍艦威武壯觀、效能超強，可說是全世界絕無僅有的海上雄獅。它的超高速度前所未有，武器配備也是舉世無雙；艦內的各種設施，將使全艦的官兵如同住進一間豪華旅館。但這艘舉世無雙的超級軍艦還有一個小缺點，那就是如果一下水，馬上就會像隻鉛做的鴨子般沉入水底。」

靈活轉變，讓目標更易達成

本來就是「玩票」性質的威廉二世，看完這個報告，不禁一笑。

其實這位造船界的權威人士的意思就是這張設計圖根本是張廢紙，但他如果直言不諱地說「陛下，您的設計圖一點也不能用，只有一個空架子」，結果會怎麼樣呢？你我心知肚明。

所以，即使出發點是為他人著想也需要修飾一下話語。

明朝開國皇帝朱元璋，少年時放過牛，交了一些窮朋友，稱帝後，他總有一種高處不勝寒的感覺，總想找昔日的朋友敘敘舊。

一天，果然來了一位舊友。這位朋友進宮之後指手畫腳地說：「我主萬歲！皇上還記得嗎？從前你和我都替財主放牛。有一天，我們把偷來的青豆放在瓦罐裡煮，還沒等煮熟，大家就搶著吃。你把罐子打翻了，撒了滿地的青豆，湯也潑到地上了。你只顧從地上抓豆吃，不小心把草葉送進嘴裡，卡住了喉嚨。還是我的主意，叫你把青菜葉吞下，才把卡在喉嚨的草葉吞進肚裡去。」朱元璋聽了他的述說，在百官面前哭笑不得。為了保住顏面，他把臉一沉，厲聲喝道：「哪來的瘋子，替我亂棍打出去！」

這個抱頭而出的倒楣鬼，見到朱元璋的另一位舊友──

第三章　換位思考的力量，讓人際關係更順暢

昔日的同路放牛童，於是向他訴苦，說朱元璋不講情面。那位朋友抿嘴一笑，說：「你看我去，保得富貴。」

於是他大搖大擺地走進宮中，見到朱元璋，低頭便拜，然後敘起舊來：「皇上還記得嗎？當年微臣隨皇上大駕騎著青牛去掃蕩蘆州府，打破了罐州城，湯元帥在逃，您卻捉住了豆將軍，紅孩兒擋在了咽喉之地，多虧菜將軍擊退了他。那次戰鬥我們大獲全勝。」他把醜事說得含蓄動聽，朱元璋對舊友吹噓的那場戰爭心知肚明。朱元璋臉上有光，又想起當年大家飢寒交迫、有難同當的情景，心情激動，立即替這位舊友封了一個官職。

面前出現了一面牆，以頭撞牆的方法可是最愚笨的，轉個彎繞過去不就可以了嘛。

轉換思路，事半功倍

著名綜藝主持人于美人在談自己的談判技巧時，講了這麼一個故事。

「一次，電視臺老闆要找我談有關酬勞的問題。當然，我的目標就是加薪，但是我不知道要如何開口，於是我想起張良『計存太子』的故事，很想找一些演藝圈的老前輩來為我說情。不過根據學生時代的經驗，這似乎不是個好方法！」

「我很想鼓起勇氣直截了當地跟老闆說我要加薪。但是我剛進電視圈不久，如果講得這麼直接，會不會太過分呢？」

「為了這次薪資談判，我掙扎了好幾天，始終想不出該如何向老闆開口。到了談判的那天，我的腦袋還是一片空白。怎麼辦呢？只好見招拆招！」

「薪資談判的那天下午，我與這位電視臺老闆相約在某家五星級飯店的餐廳喝下午茶。我們聊了很多，但是沒有半句話跟加薪有關。眼見這場下午茶就要結束了，我的內心開始

第三章 換位思考的力量，讓人際關係更順暢

焦慮起來。」

「正好這家餐廳裡的女服務生正在為客人續杯。她朝我走來，禮貌地問我：『于小姐，請問您要加茶還是加咖啡呢？』這時我的腦海中突然浮現出我老媽的臉，於是我大聲對女服務生說：『可以加薪嗎？』老闆聽到我那直白但卻委婉至極的真心話之後，居然跟我媽一樣，大笑了三分鐘。按照以往『大笑三分鐘，好事自然多』的經驗，我相信馬上就會有好事發生。果然，老闆笑完之後，立即同意加薪！」

看完這個有趣故事的人，都會為于美人的聰慧會心一笑吧！是的，有時候，你覺得很難說出口的話，只要換一種方式，好好地說出來，是會得到對方的理解的。

在美國經濟大蕭條時期，有一個名叫露西的女孩好不容易找到一份在高級珠寶店當店員的工作。在聖誕節的前一天，店裡來了一位30多歲的顧客，他衣衫破舊，滿臉愁容，用一種羨慕而不可企及的目光，盯著店裡的那些高級首飾。

露西接電話的時候，不小心撞翻了展示盤，六枚精美的鑽石戒指掉到了地上。她急忙彎腰撿起了其中的五枚，但第六枚卻怎麼也找不到。正在此時，露西看到那個男子正向門口走去，她頓時想到了什麼。男子的手將要觸及門把時，露西柔聲叫道：「對不起，先生。」

> 轉換思路，事半功倍

那個男子聽見露西的叫聲後，轉過身來，兩人相視了十幾秒，「什麼事？」那個男人問，臉上的肌肉在抽搐。又過了一會，他再次問道：「什麼事？」

露西神色黯然地說：「先生，這是我的第一份工作。現在找個工作很難，想必您也深有體會，是不是？」

那個男子久久地凝視著露西，然後他臉上有了一絲笑容。他說道：「是的，確實如此。但是我能確定，你在這裡會做得不錯。我可以祝福你嗎？」說完之後，男子向前一步，把手伸向露西。

「謝謝您的祝福。」露西也立即伸出手，兩雙手緊緊握在一起。露西用非常柔和的聲音說：「我也祝您好運！」然後，男子轉過身，走出大門。露西看著男子的身影消失在門外，轉身走到櫃檯，把手中握著的第六枚戒指放回了原處。

露西巧妙地運用暗示，讓對方知道找工作的不易，以此來誘導對方交出想要拿走的戒指。就這樣，輕鬆化解了一起竊盜案。在說服他人時，有時為了減輕對方的敵意，放鬆警戒，我們就要轉個彎、繞個圈子把話說好。

第三章　換位思考的力量，讓人際關係更順暢

第四章

用換位思考提升說服的效果

第四章　用換位思考提升說服的效果

　　學會含蓄的批評，讓對方不失體面地接受，這也是對自己和他人的尊重。

　　點到為止，讓對方意識到錯誤就夠了，千萬不要借題發揮，否則你就犯了和對方一樣的錯。

先反思自己，再理解他人

美國紐約電視臺曾播放過這樣一段讓人啼笑皆非的影片。

影片中正在舉行閱兵儀式，一個軍官模樣的人一臉威嚴，眼睛猶如鷹眼，銳利地掃視著軍隊行列。

突然間，他好像發現了什麼，直直地走到一個士兵面前，將士兵上下打量了一番，嚴厲地命令說：「把口袋上的扣子扣好。」

這個士兵非常慌張，結結巴巴地問：「是現在嗎，長官？」軍官說：「是的，馬上！」

這個士兵小心翼翼地伸出手，把上校襯衫口袋的扣子扣上了。原來這位長官制服上的扣子也有同樣的問題。

這讓人大笑不已。

雷根擔任美國總統時，應加拿大總理杜魯道（Joseph

第四章　用換位思考提升說服的效果

Trudeau）的邀請，前往加拿大進行國是訪問。

在加拿大總理府進行演講的過程中，雷根的講話不斷被反美示威的加拿大民眾打斷，杜魯道顯得很不自在。

雷根笑著說：「這種事情在我們美國時有發生，我想這些人一定是特別從美國來到貴國的。他們想讓我有一種賓至如歸的感覺。」

這一席自嘲的話，頓時使杜魯道眉開眼笑，同時也使雷根擺脫了尷尬的處境。

雷根首先指出自己經常處於這種狀況中，說明自己也不是無可指責的，然後再讓杜魯道接受目前的處境，不受環境影響，兩人之間的交流溝通就順暢多了。

美國心理學家梅奧（George Elton Mayo）在自己的著作中說：「批評不僅僅是一種手段，更是一種智慧。沒有人願意受到批評，但能夠在批評別人之前，我們先批評一下自己，就會完全不同了。」

梅奧在一所大學講課時，有人推薦了一位助手史坦利給他，梅奧高興地答應了。

史坦利當時還只是一個大三的學生，沒有任何的工作經驗，對商業常識和生意上的事一無所知，有一段時間，她經常出錯。

> 先反思自己，再理解他人

看到史坦利連最簡單的事情都處理不好，梅奧非常生氣，很想說她幾句，但轉念一想，她年紀輕，閱歷淺，不能太苛求她，於是改用和顏悅色的口氣對她說：「現在你經常出錯，這是難免的，我在你這個年紀的時候，也像你一樣，經常做錯很多事情。但後來我努力學習，出錯的狀況就越來越少了。因此你也要好好學習。我相信隨著年齡的增加，你一定會越來越棒的。」

從那之後，史坦利越來越少出錯。而她每次出錯的時候，梅奧都會說：「我在沒注意的時候，也會犯這些錯。因此，史坦利，你要用心去改掉這些錯誤。」

畢業之後，史坦利成了梅奧的助手，後來還成了他的得力悍將。

人際溝通中，如果我們能夠在批評別人之前，先指出自己的錯誤，再讓被批評者承認他自己的錯誤，似乎就不那麼困難了。

人際交往中，我們常常如故事中的軍官一樣，好像用放大鏡在看待別人的缺點，但對於自己的缺點，卻視若無睹。批評別人容易，反求自己難。很少有人能夠像雷根總統一樣，批評別人時先批評自己。

那位長官如果能夠在批評士兵之前，先查看一下自己的

第四章　用換位思考提升說服的效果

著裝，再對士兵說：「你認真地檢查一下我的著裝，有沒有問題？」那麼不管士兵如何回答，長官都可以說：「是的。我像你一樣，也存在這樣的問題，但我希望你可以在以後的時間裡，注意著裝，讓我們一起改掉這個錯誤。」

相信效果會更好。

卡內基說過，人與人之間的關係不是批評而是欣賞。欣賞對方的優點，包容對方的缺點；宣傳別人的好處，擔待別人的難處。

人性是自己的眼中容不下半顆沙子，尤其是別人的思想或者行為產生的「沙子」，即使這種「沙子」本質上只是因為大家在價值觀念上的分歧而已。

想真正地避免「沙子」，需要認真地查看，確定這粒「沙子」是不是價值觀念的「沙子」。另外，在幫別人清理「沙子」的時候，自己身上不要有「沙子」，否則只會適得其反。

因此，在批評他人時，一定要先檢查自身，確認自身沒有問題，再客觀地分析他人的問題後，誠懇地提出自己的意見或建議。

點到為止，言簡意賅

俗話說：「明人不用細說，響鼓不用重槌。」在日常生活中，如果遇到他人出了錯，而這個人又是一個頭腦比較清晰的人，那麼我們只需輕輕觸及話題做提醒，讓對方明白意圖即可。正如一面上乘的鼓，鼓面品質好，不用很大的力氣敲就會很響，明事理的人犯了錯，只要稍加提醒就好。

有時候，點到為止之所以能夠讓對方更快地接受你的意見或者建議，是因為你沒有直接指出對方的錯誤，為他留了面子，即使知道是在說他，他的反彈情緒也不會太大。這樣的做法不僅能表現出你自身的涵養，還容易贏得對方的好感，為之後的人際交往奠定良好的基礎。

人非聖賢，孰能無過。人往往會在犯錯之後懊惱，這時如果聽到外界的批評，尤其是那些過火的批評，心裡或許會更難受，甚至產生反抗情緒。因此，我們批評犯錯之人時一定要拿捏好輕重，旁敲側擊能夠達到目的的絕不直說。這種

第四章 用換位思考提升說服的效果

暗示的方法還能夠顯示出說話者的說話技巧和語言魅力。

面對問題時,如果你說話不注意措辭和輕重,而對方自尊心又強,那麼很可能弄巧成拙,不僅不能「化危機為轉機」,還可能造成彼此的關係破裂。

被譽為「紙幣之父」的張詠和寇準是好友,據《宋史·寇準傳》記載,張詠在成都,聽說寇準要當宰相了,對他的隨從說:「寇公奇才,惜學術不足爾(寇準天縱奇才,治理國家是把好手,只可惜學術不足)。」作為至交好友,張詠很想找機會勸誡寇準。恰好張詠任職期滿回朝廷候差途經陝西時,寇準也在那裡,於是他們有機會見了一面。

臨分手時,寇準問張詠:「何以教準(你有什麼要囑咐我的嗎)?」張詠本就有意勸說寇準多讀書,現在寇準自己來問,他當然想將自己的想法告訴寇準,但是寇準官居高位,即便是好友也不適合明說,於是他不疾不徐地說:「〈霍光傳〉不可不讀也。」寇準當時不明白張詠說這話的意思,但是又不好意思直接問,回到家裡後便找來〈霍光傳〉仔細閱讀。當他讀到「光不學無術,闇於大理」時,恍然大悟,哈哈大笑道:「此張公謂我矣(原來張公說我不學無術)!」從此以後,寇準認真讀書,學問大有長進。

張詠臨別時的一句贈言「〈霍光傳〉不可不讀」,將他對

寇準於學術方面的不足絕妙地表達了出來。如果張詠直接對寇準說，你治理國家有一套但是學問欠缺，以後要多讀書。我們來想像一下，寇準會有什麼樣的反應。即便當時他沒有反駁或者生氣，可是多少也會有抗拒心理。而張詠透過讓他讀〈霍光傳〉這個委婉的方式，就使寇準接受了自己的建議。正所謂「響鼓不用重槌敲」，寇準是聰明人，也是知錯能改的人，只需輕輕點撥即可。

高明的批評者都明白這一道理，批評他人時多採取這種十分高明的暗示手法，而且注意說話的分寸，不易造成被批評者的抗拒心理，因此更容易達到批評和警示的目的。

有一位經驗豐富的導師曾經說過：「教育有時就如想馬上擦掉一件衣服沾上的幾點泥土，反而越擦越髒，不如等泥乾了，用手輕輕一彈，乾涸的泥點便會輕鬆地剝落下來。」由此可見，做事不懂分寸，可能會將原本簡單的事情搞得更加複雜。

當你善意地向對方提出批評時，多運用「響鼓不用重槌敲」、點到為止的語言藝術，不僅能糾正對方的錯誤，還能為你贏來更多的掌聲。

第四章　用換位思考提升說服的效果

暗示批評，讓對方更易接受

一般情況下，人們在知道自己犯錯時，即使是能很快地醒悟，也不願意坦白承認，這時就需要一個能夠給予指導和糾正他錯誤的人。

人們通常願意相信透過自己實踐得出的結論，習慣於經由獨立思考發現問題的所在。

因此，當你提出建議給他人時，要給他人思慮的餘地，盡量弱化你的主導角色，告訴對方這只是你的判斷，這只是個人的看法。在將你的看法傳達給對方時，一定要避免使用獨斷專行的詞語，如「絕對是這樣的」、「全部是這樣的」或者「總是這樣的」，而要採用一些委婉的措辭，如「有些是這樣的」、「有時是這樣的」、「大多數人都是這樣的」。

對那些自己沒有親歷、不了解的事實，或存有疑點的問題發表看法時，盡量使用限制性詞語，如「僅從已掌握的情況來看，我認為……」、「如果情況是這樣的話，我認

暗示批評，讓對方更易接受

為……」、「這僅僅是個人的意見，不一定正確……」，這樣，你的意見就會比較客觀，而且當出現新的情況時也可以隨時糾正自己的看法，為自己留下餘地。

其實暗示性的策略語言多委婉、含蓄、隱晦，適合利用弦外之音巧妙地表達自己的批評之意。

西元1887年3月8日，美國牧師及演說家亨利·瓦得·畢奇爾（Henry Ward Beecher）逝世。因他的逝世，很多牧師哀傷不已，為了緩解他們的情緒，萊曼·阿伯特被邀請來進行一場演講。

萊曼·阿伯特（Lyman Abbott）特別想利用這個機會表現自己，於是他將演講稿反覆地修改，而且不斷地加以潤飾，希望可以打動別人。萊曼·阿伯特改完講稿之後，讀給妻子聽，希望她可以給些意見。

事實上，雖然他這次比任何一次都認真，但是他的演講稿卻和之前的演講稿沒有任何差別。可是看到他高漲的熱情，妻子沒有直說，而是告訴他：「親愛的，我覺得如果你的演講稿登在《北美評論》雜誌上，將會是一篇極佳的文章。」

萊曼·阿伯特立刻明白了妻子的意思，於是撕掉了演講稿，從那之後，他演講再沒有寫過演講稿。

在提醒別人時，一定要思考應該以什麼樣的方式把它說

第四章　用換位思考提升說服的效果

出來而不會令對方難堪。我們試想一下，如果萊曼‧阿伯特的妻子，直接告訴他：「萊曼，我覺得你寫得糟糕極了，根本不是演講稿而像百科全書，枯燥無味，聽眾一定會睡著的。你已經傳道很多年了，難道沒有更好的想法嗎？看在上帝的份上，你最好像普通人那樣說話，表達自然親切一點，如果你拿著你的演講稿去演講只會自取其辱。」萊曼‧阿伯特會是什麼表情，也許他會深受打擊再也不願意演講，也許他會覺得妻子太刻薄了，畢竟她不是這方面的專業人士，有什麼資格將自己批評得一無是處呢？

而萊曼‧阿伯特的妻子卻恰恰相反，她的批評很有技巧，既稱讚了演講稿寫得很不錯，也巧妙地暗示了萊曼‧阿伯特的這篇演講稿可能不適合，在保住了丈夫自尊心的前提下，又給了他很好的建議。

所以當你批評對方時，尤其是在那些沒有弄清楚事實或是自己不擅長的領域，都不宜說過頭的話，用「藏穎詞間，鋒露於外」的方式更合適。為了讓對方信服，我們可以透過列舉和分析案例，暗喻其錯誤，還可以透過分析歷史人物是非，讓其明白其錯誤。當然也可以透過分析正確的事物，將其犯的錯經過比較突顯出來……

當然除了上面幾種方式以外，還有很多暗示法也很有效。如透過故事暗示，用生動的形象加強感染力；透過笑話

暗示批評，讓對方更易接受

暗示，不僅能增加幽默感，也不會讓犯錯者尷尬；透過暗示，讓人更易於接受。總之，我們的目的是為了使人反思領悟，從而自覺愉快地接受意見，改正錯誤。

第四章　用換位思考提升說服的效果

溫和批評，收獲更多理解

說到批評，我們想到的第一件事就是嚴厲的語言。其實，並不是所有的批評都是暴風驟雨，也可以和風細雨。每個人都有自尊心，所以我們在批評別人的時候，千萬不要傷害其自尊心。如果想要對方心悅誠服地接受你的批評，用語也要含蓄委婉。

當然，使用含蓄式的批評時，場合也非常重要。通常，有第三者在場的情況下，哪怕是最溫和的批評也會讓對方惱羞成怒，不管你的批評是對是錯，他都不會接受，甚至對你懷恨在心，因為他會覺得你讓他丟盡面子。這個時候，請你使用含蓄式批評。

一天中午，查爾斯・斯科特（Charles Scott）在他管理的美國鋼鐵公司旗下的一家鋼鐵廠看見了這樣的一幕：幾名工人在抽菸，而他們的頭上赫然豎著一塊寫著「禁止吸菸」的大牌子。如果你是斯科特，會做何反應？是不是會直接走上前

溫和批評，收獲更多理解

去，指著那塊大牌子說：「你們不識字嗎？」很多管理者的確是這樣做的。可是，斯科特並沒有。

他直接向那些人走去，給了他們每人一支雪茄，然後說：「各位，如果你們能到外面抽雪茄，我一定會感激不盡的。」工人們立刻明白了怎麼回事。

當面指責別人，肯定會遭到對方強烈地反抗，而不著痕跡地暗示對方，使其意識到自己的錯誤，則會得到尊敬和愛戴。在批評別人之前，我們可以先將對方讚美一番。例如，某家長為了讓孩子專心讀書，決定改變之前嚴厲的說話方式，改用讚美式：「寶貝，我們都以你為豪，因為這個學期你的成績進步了。但是，如果你的數學成績能再好一些，就更好了。」

此外，我們還要明白一件事，即使真的是對方的錯，必須讓他承認並改正，也盡量不要用「你錯了」之類的詞語。你可以使用一些技巧，讓對方即使沒聽到「你錯了」這樣的詞彙，也能明白他「錯了」。

正如一位哲人所說：「必須用委婉含蓄的方式勸導別人，而不是直擊他的痛點。」

學會含蓄式的批評，才能讓對方體面地接受，這種方式是對自己和他人的尊重。

第四章　用換位思考提升說服的效果

巧妙言辭，讓批評更具分量

綿裡藏針，可說是軟中帶硬。「軟」指的是說話的語氣和和緩的態度，「硬」指的是表達的內容比較強硬。在和他人交涉時，為了避免因為嚴厲和爭執而陷入尷尬，就可以用這種說話的技巧來讓對方發現到自己的錯誤。

當然，使用綿裡藏針法時應盡量避免指名道姓，用一種比較溫和的語言點到為止。同時，你的「針」必須符合兩個條件：硬、準。只有擊中對方的要害，他才會有所顧忌，才會知難而退。

而當面對的是你的頂頭上司，或者是與你的事業息息相關的對手時，你就更應該拿捏說話的分寸。即使彼此之間真的有無法協調的歧見，你也應該鎮定，學會「綿裡藏針」，而且要「針針見血」。

一次，一位外交官偶然看見美國總統林肯在擦自己的皮鞋，便問：「總統先生，您經常擦自己的皮鞋嗎？」林肯笑著

說:「是的,難道你經常會擦別人的皮鞋?」林肯的回答簡單直接,表面上很溫和、禮貌,實際上卻話中有話,有很強的反擊意味。

如果是在正式場合,我們說話時應該注意兩件事:第一,該說的話必須要說,絕不能放棄原則;第二,不要把關係弄僵、傷了和氣。因此,表面上你說的話要盡量委婉,實際上卻能將對方反駁得啞口無言。這種綿裡藏針的口才,比直截了當、毫不留情地否定他人要高明得多。當然,「綿裡藏針」用得好不好取決於我們的修養和智慧。用「綿」換取人心,用「針」表達自己的觀點,既讓人心服,也讓人口服。

所以,即使雙方已經「暗潮洶湧」,也不要用「狂風暴雨」的形式傷害彼此,而應該用「綿裡藏針」的技巧,以柔克剛,這才是上上策。

第四章　用換位思考提升說服的效果

精心策劃忠告，避免強加

我相信大家都會有這樣的感受，有些話不得不說，但說了又會傷感情，把事情弄糟。因此，你可以順理成章地用一句中國古話來替自己開脫：「良藥苦口，忠言逆耳。」

而事實上，很多時候良藥未必苦口，忠言也未必逆耳。過去，良藥會苦口，是因為醫學不發達，而忠言會逆耳，則是因為說話者口才不好，不夠了解對方。

苦口和不苦口的良藥讓你選擇，毫無懸念，所有的人都會選擇不苦口的良藥。逆耳和悅耳的忠言相比，後者永遠都受歡迎。現在，醫學越來越發達，取代苦口良藥的是外面裹上了一層「糖衣」的良藥。同樣的道理，逆耳忠言也需要穿上一件「糖衣」，而了解和欣賞、溫暖和熱情就是「糖衣」的最好材料。

我們的忠言，換言之，就是我們的口才，是建立在對人的同理和了解的基礎上。我們的忠言，能讓人接受，並銘記

於心。越思考、越回味,別人就越能感受到我們對他的了解,越能感受到我們對他的欣賞。

批評是一門高深的藝術,在批評別人之後讓其心悅誠服地接受,需要一定的技巧。在這裡為大家介紹其中的幾種。

安慰型批評。

安慰中暗含批評,是批評的訣竅之一。也就是說,在指出對方錯誤的同時對其表示肯定,讓犯錯者更容易接受。

莫泊桑(Henry Maupassant)年輕時,有一次向著名作家布耶(Bernard Fontenelle)和福樓拜(Gustave Flaubert)請教詩歌創作方面的問題。兩位大師一邊聽莫泊桑朗誦詩作,一邊喝香檳。聽完後,布耶說:「你的詩歌中,句子的意象太多了,雖然理解起來並不難,卻像嚼一塊牛蹄筋一樣。不過,我還讀過更差的詩。這首詩就像這杯香檳一樣,勉強還是能吞下去的。」這個批評雖然很直白、很嚴厲,但留有餘地,給了莫泊桑些許安慰。

模糊型批評。

也就是說,用模糊的言辭代替直白的批評,即使沒有指名道姓,也能讓被批評者心知肚明。

某公司職員工作一直都很懶散,經理便召開職員大會提醒大家。他是這樣說的:「最近一段時間,大部分員工的工作

第四章　用換位思考提升說服的效果

態度都很積極，但某些人表現得不太好，比如遲到、早退、上班聊天……」

雖然經理並沒有指名道姓，但大家都知道是怎麼回事。重要的是，這種模糊的語言既保住了員工的面子，又直接地指出了問題所在，效果比直接點名批評更好。

幽默型批評。

一般來說，被批評者往往會覺得很緊張，尤其是主管批評下屬、長輩批評晚輩時。焦慮、恐懼、沮喪、灰心等心理狀態會阻礙雙方情感的交流。如果批評時能運用幽默的語言，效果則會好得多。

三國時，有一年天下大旱，蜀國雖然是天府之國，也出現了糧荒。於是，劉備下令，禁止百姓私自釀酒。有大臣問：「沒發現釀酒，僅有釀酒工具，怎麼辦？」劉備說：「有釀酒工具隨時都可以造酒，有釀酒器具者與釀酒者同罪。」當時，有個官吏在一個百姓家搜到釀酒的器具，就斷定其私自釀酒，準備問罪責罰。

有一天，簡雍和劉備一道出遊，看見一男一女在路上，簡雍便對劉備說：「主公，他們欲行姦淫，應該把他們抓起來。」

劉備笑著說：「一派胡言，你是怎麼斷定的？」

精心策劃忠告，避免強加

簡雍答道：「因為他們和那個有釀酒工具的人情況是一樣的。」劉備聽了哈哈大笑，便釋放了因為收藏釀酒器具而被捕的人。

簡雍用幽默的語言向劉備進言，不僅達到了目的，還不會讓劉備覺得不舒服。

巧妙地運用幽默型批評，多數表現為以半開玩笑半認真的方式先打破僵局，再切入正題。這樣即使對方一時難以接受，也不至於傷了和氣，更不會讓對方覺得難堪、丟臉。

社交活動中的幽默式批評，和說相聲、講笑話不同，雖然也很幽默，但其基調應該是嚴肅而認真的，語氣可以略微輕鬆活潑，但不要油腔滑調，否則可能會影響批評的效果。

第四章　用換位思考提升說服的效果

講話直達人心，激發共鳴

　　戰國時期，陳軫來到秦國，正遇上秦惠王為一件事煩惱。當時韓、魏兩國互相攻伐，打了一年也沒分出勝負，戰事一直很膠著。

　　秦國是當時的一個強國，秦惠王想憑藉自己的實力來結束這場戰爭。一是彰顯自己的實力；二是以結束戰爭為藉口趁機消滅韓、魏兩國。於是他詢問大臣對此事的看法。

　　大臣們各執一詞，有的認為應該阻止這場戰爭持續下去，有的認為不該阻止。最後秦惠王也沒能下定決心，所以就想聽聽陳軫的想法。

　　陳軫聽完以後，並沒有直接談論這場戰爭，而是講了一則《兩虎相爭》的寓言故事給秦惠王聽。

　　從前，有個人叫卞莊子，以開旅館為業，因此人們也叫他「館莊子」。他僱用了一個小夥計幫忙。卞莊子為人好鬥，而且他確實有些本事，敢隻身與老虎搏鬥。

講話直達人心，激發共鳴

有一天，一個牧童跑來，對卞莊子說：「不好了！兩隻老虎正在爭吃我的牛呢！你快幫忙把老虎趕跑吧！」

聽到這個消息，卞莊子熱血沸騰，當即提起寶劍跟隨牧童跑到山上。到了山上，只見一大一小兩隻老虎正在爭咬一頭牛，牛拚命地掙扎。卞莊子二話不說，拔出寶劍就要去擊殺老虎。

這時，旅館小夥計一把拉住卞莊子說：「兩隻老虎都爭著要吃牛，為了各自的食物，牠們必然相互爭搶，爭搶就要互相搏鬥。所謂『兩虎相爭，必有一傷』，而且死的那一隻一定是小老虎。等小老虎死了以後，大老虎絕對也會受傷。到時候你刺殺那隻受傷的老虎就是輕而易舉。這樣一來，你只要刺殺一隻老虎，就可以獲得刺殺兩隻老虎的美名了。」

卞莊子認為小夥計說得有道理，於是他們就在旁邊等著。

正如小夥計所說，大老虎咬死了小老虎，大老虎自己也被小老虎咬傷了。卞莊子拿起寶劍刺死了受傷的大老虎，果然一舉兩得，獲得了刺殺雙虎的美名。

講完這則故事，陳軫對秦惠王說道：「現在韓、魏兩國相戰，一年還沒結束，必然是大國受傷，小國滅亡。大王討伐受傷的大國，這不就能一舉消滅兩個國家了嗎？這和卞莊

第四章　用換位思考提升說服的效果

子刺虎是同樣的道理。」

這便是歷史上著名的陳軫借虎諫秦王的故事。要知道在古代，向皇帝直諫可是非常不容易的事情。直諫皇帝，僅僅有一顆憂國憂民的心是不夠的，臣子們的直諫能否被皇帝採納還取決於他們的講話方式。

上述故事中的陳軫就是一個很好的例子。故事裡，陳軫的想法和皇帝是相悖的，直接勸諫皇帝難度會很高，陳軫巧妙地借用了一則寓言故事進行勸諫，讓皇帝自己對號入座，從而認清事實，做出明智的選擇。這個故事也給我們一個啟示，當我們要向主管提意見的時候，應當怎麼說才適合呢？如果你一心為公司好，說出的意見卻得不到主管的採納，甚至引起主管的反感，豈不是太冤枉？因此，在提意見前，必須得多動動腦子。

在陳述自己意見的時候不要提及太多現狀的不好之處，重點應該放在自己的意見實施後可能帶來的好處。

乾隆年間，林爽文興兵起義，負責鎮壓的部隊屢屢受挫，引起了乾隆皇帝的擔心，他表示要御駕親征。

和珅在乾隆皇帝身邊，看在眼裡，急在心裡：「不就是地方幫派勢力嗎？難道朝廷沒人可管嗎？非要讓皇帝御駕親征，這不擺明了大清國太弱了嗎？如果御駕親征，朝廷勢必

會亂成一團,一定要阻止乾隆親征。」

和珅很快動起腦筋,得想個辦法,既能說到皇帝的心裡,又能解決問題。

和珅說的話大意如下。

皇上,臺灣戰事不佳有其原因。這麼多年來,您愛民如子,輕徭薄賦,上哪去找您這麼好的皇上?但是臺灣不一定知道您的仁慈,不一定知道您的恩德。這個原因應當在當地的官員。您派去管理臺灣的人沒有把您的恩德帶到臺灣,所以才有人起義。依奴才愚見,最好還是雙管齊下:繼續用兵;撤換臺灣官員,把您的仁德帶給臺灣百姓。

和珅寥寥數語就說出了皇帝的心。最後,乾隆皇帝決定繼續增兵征討,同時撤換了臺灣的官員。

先查看對方的情緒問題在哪裡,再找出對方感興趣的問題,並幫助其解決,效果就出來了。在勸諫的過程中,和珅很明白地解決了三個問題:阻止了乾隆皇帝的親征;誇讚了乾隆皇帝的功德仁義;指出了地方起義的癥結和破敵的方法。

每個人都有自己的喜怒哀樂,所以提建議的時候要特別注意時機。當對方心情好的時候,你的意見更容易被接受。

說話語氣也要特別注意,最好能保持誠懇、認真的態度。只有先讓對方覺得你是可靠的,他才會考慮你提的意見。

第四章　用換位思考提升說服的效果

委婉拒絕，讓對方心情愉快

　　我們經常會遇到這樣的情況：朋友、親人、同事提出了一些不合理或者是他們自己都沒有辦法做到的要求，但我們不敢或者不知道怎麼說「不」。我們總是怕拒絕別人會傷了和氣，以後沒有辦法相處，可是卻忽略了一點：人總是很難知足，有一就有二，如果某一次對方的要求正好是你無法做到的，可能就會帶給你更多的困擾。喜劇大師卓別林（Charlie Chaplin）曾說：「學會說『不』吧！你的生活將會美好得多。」我們該如何在既不傷害彼此之間的情誼，又不讓自己為難的情況下拒絕別人呢？最好的方式就是將拒絕的言辭說得盡量委婉一些。

　　羅斯福就任美國總統以前，在海軍部任職。某日，一位朋友向他問及海軍在大西洋的一個小島籌建基地的祕密計畫。羅斯福環顧四周，然後壓低聲音問：「你可以保守祕密嗎？」

委婉拒絕，讓對方心情愉快

「當然可以。」

「那麼，」羅斯福微笑著說，「我也可以。」

如果自己的理由是正當的，那麼不要害怕拒絕他人。有時候，拒絕是一種愛自己也愛別人的表現，能讓大家免於受到更大的傷害。當直截了當的話很難說出口時，像羅斯福這樣暗示性的拒絕方式就很有效。因為暗示性語言隱晦、含蓄，我們可以將自己要傳遞的拒絕訊息隱含在巧妙的言語中，以此來告訴對方，讓他心甘情願地接受你的拒絕，並意識到自己的要求過分了。

一位知名作家為了將更多的時間用在讀書上，曾一度謝絕應酬。一次，一位英國女士讀了他的作品之後特別想見見他，於是打電話向他提出了拜訪的請求。這是一個善意的請求，更何況還是外國友人，但是他淡泊名利、不喜應酬，於是在接到電話之後委婉地拒絕道：「假如你吃了一個雞蛋，覺得不錯，你會想到要去見一見下這顆蛋的母雞嗎？」這種富含幽默的話語既委婉拒絕了對方的請求又不失禮。

當然，除了上面的暗示拒絕法之外，我們還可以委婉地告訴對方自己不能接受的原因，讓對方放棄原本的請求，這樣也可以最大限度地減少對方的不快。

除了在拒絕別人的時候要講究語言技巧之外，還要在拒

第四章　用換位思考提升說服的效果

絕之後給予對方關懷,讓對方覺得你很真誠且顧及別人的感受,不至於影響你們之後的交往。

學會採用委婉的拒絕法,讓他人知難而退,是維護交際關係的最好法則。

掌握時機，達到最佳說服效果

要想讓說服達到最理想的效果，就要掌握好時機。有經驗的人總是會選擇對方心理受到刺激而且情緒強烈起伏，即將失控之際，說明利弊得失，讓其很快明白其中的利害關係，恢復理智，這個時間點是說服的最佳時機。時間如果過早，對方會認為你是小題大做或太神經質，不會接受你的建議；如果再晚一點，事情已經發生，也不需要你的「事後諸葛」，你的說服就沒有力量和意義，不會收到好的效果。

由此可見，要抓住最佳的時機，在人們的思想、情緒容易發生變化或可能出現問題的當下，是說服的好時機。例如，工作調動、畢業就業問題、家庭問題、婚戀受挫、升遷加薪、意外事故、子女就業……，人們在面臨選擇或現狀改變時都容易發生情緒的波動，這時正是說服的最佳時機，在這種時刻及時勸導提醒他們，不僅能夠防患於未然，還比較容易達到目的。

第四章　用換位思考提升說服的效果

　　如何知道說服的時機是否成熟呢？情緒既然是心理波動的直接反應，那麼藉由觀察被說服對象的情緒變化就可得知。如果對方在聽我們勸說時情緒平穩，或者心平氣和地傾聽沒有反駁，那麼這個時機就很恰當。如果對方聽到我們的話後情緒激動，甚至流露出反感或者是對立情緒，那麼我們就應該檢討，是說話的方式、方法、態度不對還是時機不夠成熟所導致。不論是哪一種，我們都要根據情況及時終止談話，然後積極觀察，找出原因，再採取適當的措施，創造有利的時機，使說服一舉奏效。

　　其實，最佳時機並沒有一定的標準與模式，要根據具體情況分析，針對對方的想法和心理狀況，自己揣摩和掌握。即便如此，想要找到最佳時機，讓說服一舉成功，還是需要說服者具有敏銳的觀察力，準確的預測能力和果斷、靈活的思維能力。因此，我們平時一定要找機會鍛鍊這些能力，以備不時之需。

調整對方標準，促進共識

　　我以前有個朋友，善於為人處世。

　　幾年前，他的公司受金融危機的影響，業績銳減，盈利下降。在這種大環境下，要想保住公司，必須節約開支，其中一項方法就是減少人事費用的支出。

　　降低員工待遇，後果可想而知，引發下屬的抗議一定是難以避免的。朋友思忖良久，採取了下面的方式。

　　他召開了職工大會，從當前的大環境入手，實事求是地分析了公司面臨的困境，並暗示公司有裁員的可能。

　　這個消息一出，影響可想而知，所有的下屬都戰戰兢兢，生怕自己會列入裁員名單。

　　後來，公司再次召開職工大會，這次大家心裡更擔心了，心情焦躁不安。

　　朋友信誓旦旦地說：「我想了很久，雖然公司遭遇前所未

第四章 用換位思考提升說服的效果

有的挑戰,但是大家都是一起打拚過來的,對企業有功勞,公司決定不辭退任一個員工,而採全體減薪,共度難關。當然,如果有人不同意這個方案,可以選擇離開。之後你若沒有找到滿意的工作,也歡迎你再回來和大家一起努力。」

朋友透過這種策略巧妙地化解了公司的危機。

《美國週刊》的威靈頓準備進行一個非常艱鉅的任務,內容是告訴韋坶爾——你被降職了,將從華盛頓總部調往洛杉磯的一個分公司。公司將這個任務交給了威靈頓。

威靈頓仔細想了一下,走進韋坶爾的辦公室,說:「兄弟,我很羨慕你!公司決定讓你和霍華德去擔任新的重要工作。你們將分別被安排在兩個地方,你任選一個。一個是在北部多倫多的分公司,一個是美麗的娛樂城市洛杉磯的分公司。」

威靈頓認真地觀察韋坶爾的反應,發現他皺了皺眉頭,然後說:「該死!我還是去洛杉磯吧,那裡的氣候比較適合我。」

韋坶爾的選擇恰恰與公司的安排不謀而合。而且,威靈頓並沒有多費唇舌,韋坶爾也認為選擇了一個比較理想的工作職位,雙方滿意,問題解決了。

在這個事例中,多倫多的出現,降低了韋坶爾心中的標

準，從而使韋埗爾順利地接受洛杉磯的工作。

人際溝通的過程中，如果你想讓對方接受一杯「溫水」，為了不使他拒絕，不妨先讓他試試一杯「冷水」的滋味，再將「溫水」端上。冷熱水效應可以用來實現預期的目標。

魯迅先生說過，如果有人提議在房子的牆壁上開個窗戶，勢必會遭到眾人的反對，窗戶絕對開不成，可是如果提議把牆壁打掉，眾人則會退讓，同意開個窗戶。

魯迅先生的精闢論述，說的也就是冷熱水效應。

當然，在運用冷熱水效應的同時，不要把順序弄反了，否則效果會適得其反。

第四章　用換位思考提升說服的效果

用利益說服，讓對方為之動心

　　當我們站在對方的立場、利益點上思考時，會更加客觀地看待問題，所以說服他人時，從對方的利益出發，也最容易達到說服的目的。對於癌症病人來講，化療時每週一次的血液檢查是必要的項目。可是很多病人卻拒絕接受這項檢查，他們覺得沒有必要，不明白這項檢查的意義何在。

　　一次，護士按照慣例到病房通知病人做檢查前準備，她說：「阿姨，您準備一下，我幫您抽血做血液檢查。」

　　病人聽到後，拒絕道：「怎麼每週都要抽血啊？我受不了。我太瘦了，沒有血，我不抽了！」

　　護士解釋道：「阿姨，抽血是要檢查骨髓的造血功能是否正常，例如，白血球、紅血球、血小板等。如果數值太低，就不能繼續做化療了。」

　　「數值太低，又會怎樣？」

用利益說服，讓對方為之動心

護士說：「數值太低，醫生就會用藥物讓數值上升，達到標準後才能再次化療！像您這樣的病人需要每週抽血檢查。而且抽的血量，不會對您的身體造成影響，我們人體也有造血功能，抽了還可以補充回來，您不用擔心。」

患者被說服了：「好吧！」

我們說服對方，通常是為了使自己的工作能夠順利進行或是和對方能夠達成某種共識，既然是為了某種利益，那麼了解對方的需求，進而滿足他，會更容易達到目的。

說服他人，大部分必須費一番功夫，即使是這樣，還是會遇到對方都不予回應或者敷衍了事的情況。為什麼會出現這種狀況呢？因為我們沒有引起對方的興趣。如果我們把出發點建立在對方利益的基礎上，先以利益為目的引起對方興趣，再加以說服誘導，就能提高成功的機會。推銷員在這方面的成功就是很好的證明。他們在推銷之前為了喚起顧客的注意並達到預期的購買率，往往是先誘導，後說服。

在英國工業革命時期，很多行業都有了突破性的發展，各項發明如雨後春筍般出現，而這些發明進一步推動了工業革命的大幅進展。但是那些為工業革命的發展做出貢獻的發明，雖然發明過程極其艱難，但剛開始並沒有得到人們的重視。法拉第（Michael Faraday）發明發電機的過程就是一例。

第四章　用換位思考提升說服的效果

　　由於資金不足，法拉第的研究停擺了。為了能繼續研究，法拉第決定說服政府出資，於是去拜訪了當時的首相史多芬。

　　法拉第帶著他的發電機雛形出現在首相辦公室的時候，史多芬並沒有表現出興趣。儘管法拉第非常熱心地為首相介紹了很多具有特殊意義的發明，史多芬的反應始終很冷淡。

　　法拉第看到首相的反應之後，停止了滔滔不絕的陳述。是啊，一個精於權謀的政治家怎麼會對這些發明感興趣呢？自己辛苦發明的東西，也許在他眼裡只是纏著線圈的磁石模型，至於其能否對將來的產業結構產生影響又和他有什麼關係呢？於是法拉第改變了策略，微笑著說：「我的發明投入實際運用後，一定能夠增加稅收。」

　　果然，首相在聽到這句話之後，面無表情的臉上終於動容了，而且開始仔細地詢問一些關於發明的事情，最後為法拉第提供了資金。

　　顯而易見，首相態度的突然轉變，究其原因，是發電機的使用會為企業帶來利潤，而利潤增加必能使政府增加稅收，而這才是首相關心的議題。

　　當然，我們在說服對方放棄固執、愚蠢、魯莽、不智的想法時，經常失敗的原因就是沒有掌握關鍵——對方的行為

> 用利益說服，讓對方為之動心

會為他帶來多大的危害。我們在說服別人的時候，一定要找出利害關係，告訴對方這麼做會造成他多少損失，動搖他的想法，最後願意接受我們的建議。因為沒有人在知道自己的行為會造成危害時，還願意冒險去嘗試。

某市為了整頓市容，除了拆除會影響市容的建築，不符合衛生規定的流動攤販也都強行撤走。比如，之前劇場門前那些賣瓜子、花生之類的攤位，都不允許再擺了。但是某劇院門口卻出現一個特例，一位年近六旬的老太太不管別人怎麼勸，每天還是定點來賣東西。劇場管理員也是苦不堪言：「這老太太年紀大，不好對付，我們只好睜一隻眼閉一隻眼。」

一天，市政府派人來督導，劇場管理員勸老太太迴避一下，說：「老太太，快把攤子移走，今天這裡不准擺攤。」

「以前可以，今天為什麼不行？」

「沒有為什麼，今天市政府派人來督導檢查。」

「來督導檢查就不准擺攤？」

「督導檢查發現地上髒亂，是會開單罰錢的。」

「地上髒亂關我什麼事，又不是我弄髒的，講不講理了，他哪天吃多了肚子痛難道還要怪賣東西的人嗎？。」管理員無言以對，悻悻而退。

第四章　用換位思考提升說服的效果

管理車輛的老劉隨後走了過來，說道：「老嫂子，你年紀這麼大了，賺幾個小錢，要是被開單罰錢，多不划算？再說，要是以後不能擺攤做生意，那可划不來。」

「嗯！大哥說得有道理，我這就收攤，明天再來。」說完，老太太收拾好走了。

同一件事情，不同的勸阻方式，效果大不同，原因很簡單。管理員之所以勸阻不成反討沒趣，就因為他沒有從老太太自身利益的立場上去勸說，只一味地講道理，怎麼能達到目的呢？而老劉則站在老太太的角度上幫她分析利弊，讓她明白她的堅持可能會讓她失去長遠的利益，讓她意識到自己的不明智，於是老太太心服口服地接受了規勸。

利己是人性，說服他人時如果能利用這種心理，說服成功的機率將會大增。

真誠勸說，建立長期信任

我們在勸說他人時一定要懂得因勢利導、循循善誘。如果對方堅持己見，而你又急切地想讓對方接受你的想法，很容易把關係弄僵。但如果以委婉真誠的方式，就能在潛移默化中達到勸說的目的。

大部分被勸說者都不容易接受他人的意見，因此在勸說時需要一定的策略。以真誠的態度勸說，往往容易讓對方接受。

每個人都有自己的想法和意見，因此勸說他人是一件很難的事情，尤其勸說那些性格固執的人更是不易。如果我們的方式過於直接，就容易遭到對方的反抗。

惟有保持真誠的態度，不挖苦、不諷刺，才能讓對方心甘情願地接受。真誠地表達自己的觀點，和對方面對面交流，對方才能最快接收到你的想法，進而肯定你、接受你。

美國費城電氣公司有一位推銷員諾瑪斯，有一天，他到

第四章 用換位思考提升說服的效果

一個州的農村推銷電氣。他拜訪了一個富有的農戶,主人是一位老太太。她看見是電氣公司的人,直接把門關上。諾瑪斯再次敲門,門打開了一條小縫。諾瑪斯說:「真的很抱歉,太太,打擾您了。我知道您不想買電,沒關係,這次我是來向您買一些雞蛋的。」老太太不再那麼警戒了,把門開大了一些,伸出頭,懷疑地看著諾瑪斯。

諾瑪斯接著說:「您養的明尼克雞真漂亮!我想買一些新鮮的雞蛋回家。」接著,他說:「我家裡的來航雞下的蛋是白色的,做出來的蛋糕不太好看,所以我太太要我來買一些棕色的雞蛋。」這時候,老太太走了出來,態度溫和不少,並且和他聊起了雞蛋的事。諾瑪斯指著院子裡的牛棚讚賞道:「太太,我敢說,您養的雞比您丈夫養的牛賺的錢更多。」老太太笑得合不攏嘴,因為她丈夫一直不肯承認這件事。於是她把諾瑪斯當作朋友,並興奮地帶諾瑪斯參觀雞舍。諾瑪斯一邊參觀,一邊稱讚老太太的養雞經驗,並趁機說:「如果您的雞舍能用電燈照明,一定會提高雞蛋的產量。」此時,老太太聽到他的建議並沒有那麼反感,反問諾瑪斯買電是否划算。她非常滿意諾瑪斯的答覆。兩週後,諾瑪斯就收到了老太太送出的用電申請書。

諾瑪斯步步為營,從老太太得意的事情入手,站在對方的角度分析情勢,並提出了合理的建議。他一步步地誘導,

慢慢地改變了老太太的態度，拉近雙方的心理距離，最後達到了賣電的目的。

亞里斯多德曾說：「說服是透過演講使聽眾動情而產生效果，因為我們是在痛苦或歡樂、愛與恨的波動中做出不同的決定。」心理學研究顯示，當一個人覺得愧疚、自責、害怕、焦慮時，接受勸說的機率最大。如果我們此時能更加真誠地向對方表達自己的觀點，對方的態度即使再強硬，也會有所軟化。當他感受到你的真誠時，你就能得到他的信任。

總之，只有在真誠的前提下勸說，並且事先做好周全、細膩的準備，談話時結合實際情況隨機應變，才能輕而易舉地贏得對方的心，接著進一步誘導，自然而然，對方就能接受你的建議。

第四章　用換位思考提升說服的效果

第五章

掌握換位思考,細節決定成敗

第五章　掌握換位思考，細節決定成敗

在人際交往中，要想擴大交際圈，贏得別人的好感和尊重，就要學會謙虛低調做人，待人接物時藏鋒示拙、謙虛誠懇、溫和有禮，善於顧及他人的感受，尊重和傾聽他人的意見。

理直氣和，不可偏激

一般情況下，表達不清或不當會讓語句產生歧義，進而造成誤會。此外，還有一種情況也容易造成誤會，那就是說話的語氣。同樣一句話，由不同的人說，會產生不同的結果，而其中的關鍵就是說話時的語氣。如「你好美」這句話，如果說話者語氣誠懇，那麼就是對對方的讚美；如果說話者語氣輕佻，那麼讚美就可能變成了戲謔，讓人心生反感。有時候，善於運用語氣，可以輕易達到社交的目的。

樂樂的室友中，有一位室友的性格特別孤僻，很少和同學交流，即使是必要的交談也畏畏縮縮，同學都在背後嘲笑他。時間久了，同學們和他的交流也變得十分彆扭。

樂樂的成績優異而且為人和善，總是找機會開導這個室友，希望他能夠慢慢融入團體，可是效果有限。一天，樂樂看到他一個人坐在空蕩蕩的教室裡發呆，於是走過去坐在他旁邊，用最貼心、最耐心的語氣說：「我發現你上課很專心

第五章　掌握換位思考，細節決定成敗

聽講，反應也很快,有時候我真羨慕你。我想只要你稍加努力,成績一定比我好。」

那位同學聽了樂樂的話後,定定地盯著他看了好一會,若有所思地點點頭。樂樂見他終於有了反應,於是接著用誠摯的語氣說:「一個人參加活動好無聊,我們一起去吧!」沒有等他答應,樂樂已經拉著他走出了教室,加入了同學們的活動。之後,樂樂總是會找機會拉著他參加同學們的活動。慢慢地,這位同學不再拒絕樂樂的邀請,甚至會主動參加,和同學們的關係也越來越融洽,也不再害怕在大眾面前表達自己的觀點。

多年之後,樂樂在同學會上再次見到了這位同學,在他身上早已找不到當年的拘謹和青澀。在聊天的過程中,樂樂得知,這位同學已經是一家大公司的銷售總監了。他對樂樂說:「我能夠有今天要謝謝你。如果當初不是你那麼誠摯的語氣,我可能不會相信你的話,也就不會有之後的改變,更不會有今天。」

要充分表達自己的意思,不單單要靠氣勢還要靠語氣,有理的同時也要注意有禮。有理不必大聲說話,理直不一定要氣壯,說話時一定要拿捏好分寸。

當然,作為說話的技巧之一,口氣也要分場合、時間、

地點和對象。用愉快的語氣說話,聽者也會心情愉悅;用低落的語氣說話,聽者也可能會覺得氣氛不好;語氣生硬會讓聽者感到不快;埋怨的語氣會讓對方產生反抗情緒⋯⋯,可見,語氣能夠激發聽者的情緒並影響其精神狀態。

語氣因地而異很重要。如果是大場面,一定要適當地提高聲音、放慢語速,掌握語勢上揚的幅度,以突出重點。相反,場面越小,則要注意適當降低聲音,適當增強詞語密度,並掌握追求自然的語勢。

要讓同樣一句話發揮出更大的效果,就要抓準時機,恰到好處地運用適當的語氣。

根據談話對象的不同、場合的不同,運用不同的語氣,惟有如此,我們才能在生活中做一個受歡迎的「會說話的人」。

第五章　掌握換位思考，細節決定成敗

少用「應該」，保持靈活

　　通用汽車集團副總裁布朗（Donaldson Brown）發現他的一些下屬缺乏工作熱情，態度很散漫。

　　為此，他召開了一次針對全體員工的工作會議。

　　「公司提供你們豐厚的薪水，你們應該竭盡全力為公司工作，這是職責！」

　　在他二十分鐘的演講裡，每一分鐘都會出現一次「應該」。會議結束後，杜拉克走進了布朗的辦公室。

　　他對布朗說：「布朗先生，如果你能夠在演講的時候不要說『應該』兩個字，應該會有更好的效果。沒有人喜歡『被應該』，這就像在強迫別人。我們寧願主動去溝通，而拒絕『被應該』溝通。『被應該』無異於有人在背後拿槍指著你，沒有人喜歡這種感覺。」

　　布朗親自寫了一封電子郵件，寄給每個員工。

少用「應該」，保持靈活

郵件內容是：我希望你們可以告訴我，你們希望從我這裡得到什麼？

一天後，布朗陸續收到了員工的答覆。於是，他又寄出一份電子郵件：我可以滿足你們的所有要求，現在我要你們告訴我，我可以從你們那裡得到什麼？

一天後，他收到了所有的回覆。根據他們自己的回信，布朗一一滿足了他們的要求。

兩封電子郵件使公司得到新的激勵。

布朗說：「公司的業績明顯增加，非常驚人。杜拉克告訴我，當我摒棄『應該』時，他們也決心盡他們最大的努力。與他們討論他們的需求，正是他們需要的熱情。」

沒有人喜歡「被應該」，即使是從道德上、法律上來說必須要做的事情，也同樣沒有人喜歡「被應該」。

在設計師威爾金明白這個道理之前，他差點失去了一次足以改變命運的機會。

設計師威爾金接到了一件前所未有的大任務——為著名的豪斯集團設計產品外包裝。為了表達自己的誠意，在簽訂合約時，他將違約金降低到20%。也就是說，如果對方違約，他只能拿到金額的20%。他開始努力地設計，想要設計出能夠讓消費者看一眼就難忘的圖樣。

第五章　掌握換位思考，細節決定成敗

但當他正在努力完成這項任務時,他接到了豪斯集團的來函。

尊敬的威爾金先生:

公司業務有變,合約終止,違約金已經支付,敬請諒解。

威爾金非常憤怒,他立刻趕到豪斯集團,但商量未果,同時得知,該任務已經交給了另一家設計公司。

威爾金當場對副總裁傑斯特說:「我們有約在先,你們就應該遵守合約,應該使用我的設計,應該繼續與我合作……」

結果可想而知。

威爾金憤憤地離開了。

一天後,威爾金再次到了豪斯集團,對副總裁傑斯特說:「這是20%的違約金,我悉數歸還,既然是我的設計無法讓你們滿意,責任應該由我承擔。雖然這次的合作失敗了,但我希望我們還是朋友。這裡有些我尚未設計完的圖紙,如果你能夠將它們設計得更完美,以合乎你們的用途,請告訴我!」

然後他離開了。

他還沒有回到公司,就接到了傑斯特的電話:「請你繼

少用「應該」，保持靈活

續你的設計，我想我們的合作一定會非常順利。」——交易立刻成功了。

威爾金是幸運的，他的處理方式讓對方覺得舒服，但他沒有要求對方「你應該如何做」。

人的情緒容易被「應該」所操縱。

人是獨立的個體，沒有人喜歡被約束、被控制。當你被別人控制和約束時，會激起強烈的反抗情緒，這是人性的本能反應。例如，被別人強迫去做某件事，你心中會產生強烈的反感，即使你本來也想去做這件事，但主動與被動是兩種完全不同的情感效應。

你不願意被別人控制、約束，別人也不願意被你控制和約束。因此，與人溝通時，你需要摒棄「你應該」。

有些管理者總是有一種強烈的控制欲，例如「你務必拿下這筆訂單，這是命令」、「你應該做好這件事，這是義務」。

情感一旦被打上「應該」、「務必」的成分，無異於戴上沉重的枷鎖。戴著枷鎖行走，絕對無法自在。

在非洲大陸南部住著一個古老的民族，約納氏克族。他們以種植一種名為摩斯那笛的植物為生，已經延續了幾千年的歷史。簡單的勞動使得他們喜歡和平安寧的生活。他們常年遊走於沙漠、草地和海邊，與賴以生存的環境和諧地相處。

第五章 掌握換位思考，細節決定成敗

簡單的勞動使得他們的語言也十分簡單，因此，約納氏克族人只有簡單的文字，沒有產生所謂的文學。

儘管高度發達的現代文明使他們的生活產生了巨大的變化，他們依然努力於延續自己古老的生活習俗，宛如處在世外桃源。

約納氏克族人中，流傳著一首簡單的詩。這首詩是他們唯一的文學、信仰、生活的全部寫照。如果將這句詩翻譯成中文，應該是這樣一句話：可是，我們之間是多麼不應該啊！

這句詩是約納氏克族人之間和睦相處的祕訣所在。

然而，現實生活中，很多人的情緒被「應該」所操縱，例如「如果我對你付出感情，你就應該對我付出相同的情感」。我們希望別人尊重我們的意見，而非強迫我們的意志。

人與人之間的溝通也是如此，我們都是獨立的個體，都希望得到尊重，不喜歡被控制。

直率要有分寸，避免冒犯

《論語‧雍也》說：「質勝文則野，文勝質則史，文質彬彬，然後君子。」意思是說，本質多於外在的文采，就顯得鄙陋；文采多於內在的本質，就顯得浮誇不實，本質和文采比例恰當，然後才可以成為君子。雖然直率的人說話不會拐彎抹角，但是太直率容易傷人，會讓人留下說話不經大腦、粗俗野蠻的印象。

寇準是北宋時期一位政治家，而且擅詩能文，曾兩度為相，在政治上頗有建樹，受到百姓的愛戴和後人的推崇。但是他卻被放逐到邊遠的廣東雷州去當司戶參軍。他到雷州後，由於生活艱難、氣候惡劣，身體很快就承受不了，第二年秋天即病逝於雷州。

為什麼如此雄才大略又胸懷天下的好官，最後卻落得客死他鄉的悲慘結局呢？這和寇準的性格有很大的關係。他為人耿直，說話直率，與政見不合的同僚說話更是不懂得變

第五章　掌握換位思考，細節決定成敗

通和收斂，於是遭到政敵的報復，最典型的事件就是《資治通鑑》中記載的關於寇準和丁謂的故事，即有名的「溜鬚事件」。

據記載，這件事發生在天禧三年（西元1019年），當時，寇準經歷了人生的起伏，再次出任宰相。在他拜相的同一天，丁謂也被升任為參知政事（副宰相）。作為同僚，寇準一度很欣賞丁謂，曾多次向擔任丞相的李沆推薦丁謂，但均被李沆拒絕了。當時寇準很不解，問其原因，李沆說：「他這種人，能位居人上嗎？」寇準說：「像丁謂這樣的人，相公能始終壓制他屈居人下嗎？」

有一天，寇準和丁謂參加宴會。宴會時，寇準在進食時不小心將飯粒湯水沾到了鬍鬚。丁謂恰好坐在他旁邊，看到後起身上前替他徐徐拂去。寇準並沒有因為丁謂的舉動而感到高興，反而板起臉來，冷笑著說：「參政，國之大臣，乃為官長拂鬚耶？」丁謂覺得很難堪，於是懷恨在心，在後來的權力鬥爭中，把寇準趕出了朝廷。

在官場中，溜鬚拍馬的事情屢見不鮮，私下可以表明不高興，但是寇準不僅當眾表現出自己的不高興，還出言諷刺，讓人下不了臺，得罪了人還不自知。而且由於性格的緣故，寇準出言譏諷的不止丁謂一人，後來丁謂聯絡了有相同經歷的王欽若、曹利等人，並與之結成同盟，一次次向皇帝

直率要有分寸，避免冒犯

上書參奏寇準。三人成虎，時間久了，皇帝自然也就相信了他們的參奏，因此寇準的政治生涯一波三折，最後落得客死異鄉的下場。

寇準的失敗，不是因為沒有謀略，而是沒有管好自己的嘴，說話不留情面。在現實生活中有很多像寇準一樣心直口快、不考慮場合和對方面子的人。雖然和這樣的人相處，不用顧忌太多，交往起來很輕鬆，但是也讓人很頭痛，因為他們總是會在無意中讓人變得尷尬。但他們的行為是無意識的，被說的人又不能反駁他們，令人十分惱火。

人與人之間的相處是很奇妙的事情，往往會因為一句不經意的話讓對方對你產生好感，拉近彼此之間的距離；也可能因為一句不經意的話讓對方討厭你，從此形同陌路。所以我們平時一定要注意自己的言行，掌握分寸，不要因為自己的隨性而讓語言這把利器傷人又傷己。

也許你會說，我這個人性格天生如此，不喜歡虛與委蛇，雖然我已經努力改變，但還是無法做到。這裡教你一個小訣竅，在說話之前不妨先自問：我將要說的話是善意的嗎？這句話有沒有更加委婉的說法？在開口之前留一點時間思考，即使不喜歡拐彎抹角，也別出口傷人，盡量挑選溫和的字眼。這樣一來就能將說話傷人的可能性降到最低，人際關係也會變得更好。

第五章　掌握換位思考,細節決定成敗

在人際關係中,語言不僅是一種重要的手段,還是一個人文化修養和見識的直接表現。一言可以興邦,可以喪邦。因此我們說話時,需要並重誠意與文飾。

得體的問候，拉近彼此距離

在和陌生人見面時，人們往往會有先入為主的想法。如對方可能很難溝通或可能容易親近等等。也就是說，人們容易憑著直覺選擇與人接近或疏遠，即使沒有明確表達自己的想法，真正的想法卻會在行動中表達出來。

事實上，無論是誰，在與他人交往時都不能戴「有色眼鏡」，並且要發自內心地相信別人。每個人都有缺點和優點，只要你能多把注意力放在他人的優點，而不是緊盯著別人的缺點，溝通起來將會更容易。

我們在和朋友見面時，一句問候語往往包含了三重含義：「我尊重你」、「我覺得你很親切」、「我非常珍惜我們之間的友誼」。當對方感受到我們所送的這三件寶貴的「禮物」時，會感到由衷的高興，一定也會毫不吝惜展現自己的熱情。

西方一位文學家曾說過：「熱情仍在，就無懼青春消逝。」因此，西方人見面時總是笑容可掬地相互問候「你好嗎？」、

第五章　掌握換位思考，細節決定成敗

「早安！」、「歡迎光臨！」等等。諸如此類的問候語，能夠讓我們和他人之間的關係變得和諧、友善。而「請」、「謝謝」、「對不起」這些詞也是我們對他人尊重和友善的表現，千萬不能小看它們！

一般來說，我們和他人第一次見面時，多少會有防備心理，而消除這種緊張、尷尬的心理，最好的辦法就是敞開心胸。

由於是初次見面，彼此都不太了解，很容易沒有相同的話題，顯得非常尷尬。此時，我們可以先用一些客套話當作開場白，比如「天氣真熱啊！」或「最近在忙什麼呢？」等等。雖然這些寒暄用語看起來並沒有實質性的意義，但其最大的好處就是能讓初次見面的兩個人打開話題。如何使用客套話，你可以參考一下以下的一些方式。

從天氣開始談，打開話匣子；詢問對方的工作情況、身體狀況等，如「最近工作忙嗎？」、「快畢業了吧？」、「有什麼開心的事嗎？你看起來心情很好！」；從對方的舉動找話題，如看到對方下班，可以親切地來一句「下班啦？」等等。

寒暄語最大的作用就是，它像一把打開話匣子的鑰匙，成為讓你和他人的談話更順暢進行的橋梁，避免出現無話可說的窘境。

禮多人不怪，分寸最重要

　　如果你去拜訪一個朋友，朋友對你非常客氣，不管你說什麼話，他都點頭稱是，和你說話時也非常客氣，生怕讓你不高興，生怕你怪罪，那麼你一定會覺得芒刺在背、如坐針氈，覺得透不過氣，只想趕緊逃出來，呼吸新鮮的空氣。

　　你可能有過多次這樣的經歷，你可以好好想想，你會用同樣的方式對待你的客人嗎？

　　雖然這能將你的客氣表現得淋漓盡致，但這種客氣實在讓人覺得不自在，令人窒息。不管什麼時候，都請大家記住一句話：「己所不欲，勿施於人。」

　　如果是剛認識的朋友，說幾句客氣話無可厚非，但如果總是在說客套話，誰能受得了呢？人們之所以聊天交談，就是為了維繫情感，而客氣話就像是一面擋在彼此之間的高牆，如果不拆掉這面牆，在牆兩邊的人們就只能是表面的敷衍和應付而已。

第五章　掌握換位思考,細節決定成敗

　　記住,客氣話是用來表達你的尊敬的,而不是用來敷衍朋友的,因此一定要適可而止。

　　以上所述,只想告訴你一件事:過分客氣只會讓人覺得不自在。

謹慎避開交往禁忌

各地的風俗不同，說話時也有不同的忌諱，在與人交際時，一定要注意對方的忌諱話語，否則容易導致尷尬。說者無心，聽者有意，終歸是失禮，因為你若犯了對方的忌諱，對增進你們之間的情感沒有好處。

你必須先清楚對方有哪些特殊的忌諱，交往時避開，才不致對你們的關係產生不利影響。古今中外，因為一句簡單的話掉腦袋的事並不少見，口舌之過，最應該引以為鑑。

具體來說，說話時要避免六個禁忌。

聰明人聊天時會三緘其口。例如，你必須保護朋友的隱私，不應該無意中說出朋友的隱私。你也許是無心的，他卻會認為你是故意揭露他的隱私，讓他難堪，從而對你不再信任且恨之入骨。這是說話時的第一個忌諱。

如果朋友對你和他正在共同完成的事有其他想法並對你存有戒心，這時你只有一個選擇：繼續裝糊塗。儘管你非常

第五章　掌握換位思考，細節決定成敗

清楚他的想法，但你既無法告訴他自己一無所知，也不能向他保證自己一定能保守祕密。直接戳破祕密是說話的第二個忌諱。

別人對你還不太了解，也不夠信任你，你卻極盡討好，和他討論的很深入。就算他最後採納了你的意見，但實行結果一定不會理想，他也許會認為你是故意捉弄他，讓他上當。退一步說，就算實行結果很好，你也未必能獲得他的好感，他會認為這只是巧合，最大的功勞還是他自己。在與人初識的階段就過於深入，這是說話的第三個禁忌。

別人做錯事，被你發現了，你直言勸諫。他原本就擔心被人知道，你卻主動揭穿，他絕對會感到更加慚愧，甚至惱羞成怒，與你發生衝突的機會也隨之增加。當面揭露別人的傷疤、痛處，這是說話的第四個忌諱。

如果主管的某次成功是因為你的獻計出策，那他可能會顧慮你會大肆宣揚此事。搶功勞，不懂進退，這是說話的第五個忌諱。別人力所不能及而你認為他應該做的事情，就勉強他做；或者對於某件別人迫於情勢而不得不做的事情，你卻堅持認為他不應該做，要他馬上收手。強人所難，違背人情，這是說話的第六個忌諱。

避免讓對話陷入尷尬

在聚會中,你想介紹兩個陌生的朋友認識,「這個朋友是位網球高手,他每個週末都會去球場練球」,或者「這位先生喜歡打籃球,在校時還是籃球隊的主力」,這樣簡單直接的介紹就能讓原本陌生的兩個人很快就找到共同話題。有時候,一些一般的客套話也能打開話匣子,打破陌生人之間的沉默,拉近二人之間的距離。比如,

「你是哪裡人啊?」

「江蘇。」

「江蘇是個好地方,風景優美,那裡的人文底蘊很濃。」

「沒錯,我們江蘇⋯⋯」這樣一來,你們就能輕鬆地展開交談。又或者,你可以說:「今天天氣真不錯,如果能去爬山,一定很棒的」、「您喜歡爬山嗎?爬過哪些山呢?」、「我去過⋯⋯」,就這樣你一句我一句的,你們一定會找到越來越多的話題,甚至產生意猶未盡的感覺。

第五章　掌握換位思考，細節決定成敗

在初次見面或交談時，最好避免那些讓對方只能回答「是」或「不是」的問題。

而會談話的人，也不會只是回答「是」或「不是」，總是會加幾句自己的想法，從而提高對方繼續交談的興趣，達到交談的目的。在介紹初次見面的朋友認識時，不能只是簡單地說「這是李某，那是張某」，這會讓陌生的雙方因找不到共同的話題而覺得尷尬。你可以簡單地說明對方的經歷、愛好等，為兩個初識的朋友打開交流之窗，使雙方在最短的時間內互相熟悉。

此外，我們在交談時，往往會以「你好」、「今天真熱呀」之類的寒暄語為開場白。這樣的開場白適用於每一個人、每一個場合，但往往會讓人感覺乏味。因此，你需要加以引申，找出更多的談話資料。如果在談論天氣之後再順勢來一句「真想去游泳」之類的話，很可能可以持續之後的談話內容，談話不至於就此打住。

玩笑需適度，保持風度

在人際交往中，「開玩笑」是一種最常見的說話方式，能達到活躍氣氛、調節情緒、營造和諧輕鬆氛圍的作用，還能增加個人魅力。但是，玩笑不能隨便開，要掌握一個重點：內容必須高雅。如果內容庸俗，往往會適得其反。開玩笑時，我們也要注意場合、掌握尺度。

一天，在外地出差的王先生正和客戶會談，手機不停地震動，他只好對客戶說抱歉，然後走出會議室接電話。手機那頭傳來好友焦急的聲音：「你在哪裡？趕緊回家，你太太從樓梯上摔下來，被送到醫院去了。」王先生說完電話後，扔下客戶飆車回到家，闖進醫院查了半天也沒有找到太太，這才想起來應該打個電話問問。可是電話接通後，太太說自己在家。於是他又急忙開車回到家，進門看到太太正坐在沙發上看電視，便知道自己被耍了。

他打電話給朋友，將自己的抱怨一股腦地發洩了出來，

第五章　掌握換位思考，細節決定成敗

可是朋友卻毫無悔意地笑著說：「你也太開不起玩笑了，真的傻乎乎地跑回來了。」王先生憤憤地掛了電話，要是朋友現在就在身邊，他恨不得揍他一頓。

熟悉的朋友相互開玩笑，本意是調節氣氛。無傷大雅的玩笑，能活潑氣氛，可是如果玩笑開過頭，就有可能傷害彼此的感情，甚至斷送友情。因此，開玩笑也要有所掌握，避免涉及隱私、人身安全等原則性問題的玩笑。

有一次，美國總統雷根到國會參加一場會議。會議開始前，他為了測試麥克風的接通情況，隨口開了一個玩笑。他說：「先生們，請注意，我們將在 5 分鐘後開始轟炸蘇聯。」此話一出，會場一片譁然。後來，蘇聯還因此對美國表示強烈抗議，讓雷根覺得非常難堪。

由此可見，玩笑如果太過分，可能導致無法挽回的嚴重後果。因此，我們在開玩笑時，必須了解聽者的特性。因每個人性格、身分和情緒的影響，對玩笑的接受度不盡相同，同一個玩笑，有些人能接受，有些人卻覺得無法接受 —— 開玩笑也是一門大學問。

當然，開玩笑除了要拿捏分寸之外，還要懂得適可而止，也不可將玩笑的對象針對某一個人，否則對方會認為你有針對性。玩笑變了質，也就失去了玩笑的真正意義。

玩笑需適度，保持風度

能夠帶給大家樂趣的玩笑，一定是詼諧而不下流、風趣而不生硬的。如果能夠透過玩笑讓人受益、發人深省，那就更有意義了。這種玩笑在人際交往中既可以放鬆心情，又能夠營造良好的氛圍，在歡笑的同時，還能夠收穫友誼。

下面強調幾點玩笑中應該注意的問題。

要看對象。

一般來說，男性最好不要開女性的玩笑，下屬最好不要和上司開玩笑，晚輩最好不要和長輩開玩笑，正常人最好不要開身心障礙人士的玩笑。就算是開玩笑，也要確保笑話只是單純地博人一笑，並且要暗含尊敬、褒揚等正面含義，絕對不能揭人缺點，尤其是針對身心障礙人士的缺陷。

要分場合。

開玩笑也要注意場合，特別正式或者莊重的場合不宜開玩笑，否則會讓人覺得你不夠穩重甚至是輕浮。即使是在那些適合玩笑的場合，玩笑也一定要應景，如在喜慶的場合玩笑是用來增添喜慶的氣氛的，千萬不能因為開玩笑掃了大家的興。

要避開忌諱。

玩笑不能肆無忌憚，那些揭人家傷疤的事情不可拿來開玩笑，對方身上的缺點和生理缺陷也不可拿來開玩笑。

第五章 掌握換位思考，細節決定成敗

玩笑可以成為生活的調色盤，讓我們的生活更加多彩，反之也可能成為交往中的絆腳石，因此開玩笑時一定要拿捏好輕重。總之，開玩笑應該是善意的、令人歡樂的，能促進彼此之間的感情交流，而不是惡意諷刺或占他人便宜。

問號拉近人心，驚嘆號造成距離

　　去年，我請了一個裝潢公司整修廚房，公司派出五個裝潢工人到家裡施工。

　　整修的第一天，他們把院子裡弄得亂七八糟，到處是油漆和木屑。下班時，也沒有清理就急忙離開了，這讓我妻子很生氣。

　　妻子要我告訴這些工人一定要把院子清理乾淨之後才能離開，否則就扣他們的工資。

　　我知道，但這根本行不通，因為合約中並沒有記載這一條。而且，他們的裝潢功夫都很不錯，我很滿意整修的部分。

　　後來，我想了個辦法。我找來掃把和拖把，把木屑清理乾淨，堆到院子的角落裡。

　　第二天早上，我把領班叫到一旁，對他說：「昨天你們

第五章　掌握換位思考，細節決定成敗

把前院清理得很乾淨，如果你們以後在收工的時候，都能這樣做就太好了。可以嗎？」

領班點點頭，說：「沒有問題，我們一定幫你清理乾淨。」接下來的幾天時間，工人們每天收工之後，都把木屑堆到院子角落裡。妻子也沒再沒因為這件事生氣。

我不過是稍微地提了建議給他們，並作了一個榜樣而已，問題便迎刃而解了。

有一段時間，公司的業務非常繁忙，連日來，包括經理在內的所有員工全體加班。

經理將一疊厚厚的資料交到一個同事，說：「明天上班之前，把這裡面的資料做成電子檔交給我。」

因為連日加班導致心情煩躁，同事很不高興地發了一句牢騷：「我已經快被桌上的資料埋住了，你現在又交給我一項任務，我根本做不完。」

職場上嚴謹的上下階級關係，不允許下屬冒犯上司。

出現這種情況，一般的上司應該會覺得沒面子，權威受到挑戰，也許會擺出上司的威嚴：「你就是得完成，這是命令。我不管你手頭有多少工作，這一件你必須在時限內完成。」

命令就好比是法律一樣，有著強大的強迫性。「必須做」

問號拉近人心，驚嘆號造成距離

或者「一定不能做」等帶有強制性。下屬一定不敢拒絕這樣的話，但可以確定的是，他做起來也一定很痛苦。

然而，我的那位上司卻沒有說出命令式的話，而是採取了另外的方法。當同事說完這句話後，身邊的幾個同事不約而同轉過頭，等著看上司的反應。

經理頓了頓，說：「我也不願意增加工作給你，連日來的加班的確很辛苦。我十分了解你的工作，也知道每個人都不輕鬆，尤其是你，資料方面的工作瑣碎且數量龐大。但現在這一份關於輸入資料的工作似乎只有你能勝任。」

上司的一句話讓我們幾個人頓時鬆了一口氣。「看來我又要面臨新的壓力了……」同事笑著說道。建議的方法，有一種讓人無法拒絕的軟性力量。

建議可以緩解人性的反抗意識，讓人感覺到一種自重感，促使人放棄反抗，選擇接受。

建議是一種強大的軟實力，可以激發人強大的潛力。

採用建議的方法，讓一家生產廚具的小老闆完成了美國的一份大訂單。他是如何做到的呢？

全球性的經濟危機，讓美國遭受前所未有的重創，以往熱鬧的街頭、林立的餐廳，生意變得非常冷清。很多的上班族不再像以往那樣，在餐廳裡面消費，轉而選擇自己在家煮

第五章　掌握換位思考，細節決定成敗

飯來緩解經濟壓力。

在這種大環境下，一家生產廚具的工廠收到一份從來沒有過的大訂單。訂單不僅要求生產的技術，還有交貨的時間壓力，按照工廠的實力和能力，根本無法如期完成。

廚具公司的老闆並沒有增加招募技術和生產人員，而是召集所有的員工開會，向他們說明這份訂單對他們和公司的重大意義。

「我們有沒有辦法解決技術上的難題？我們的技術研發人員有限，我不想讓大家太辛苦。」

「有沒有辦法解決訂單的時間問題？現有的生產人員都很辛苦，能不能調整工作安排，克服時間上的壓力？」

「有沒有其他的辦法，來接下這個訂單？」

員工們提出了很多建議，技術部提出高薪招募短期研發工程師，只需要解決研發問題；生產員工願意日夜加班，直到完成訂單。

後來，公司聘用了一位研發工程師，三天內解決了技術問題，剩下的技術問題由技術部原有的員工日夜鑽研得以解決。順利地完成訂單，這家工廠由此成為數一數二的廚具生產商。

這家廚具公司能夠順利完成訂單，正是因為老闆使用了

「建議」的方法,讓員工們感覺到他們的「重要」,激發了他們的潛力。

人際交往中,「建議」是一種強大的軟實力,能夠改變他人,卻不會激起反抗。

如果你要實現與對方的有效溝通,那麼你需要收起銳氣,放下你的食指,不要對別人下命令,而使用「建議」的方法。

第五章　掌握換位思考，細節決定成敗

寬容待人，才能贏得尊重

　　提升溝通能力的目的是更從容地社交，但是有些人往往忘記了交談的初衷，甚至失了分寸，說話尖酸刻薄、不分場合。這種人大多爭強好勝，總想跟對方一較高下，無論對方說什麼總是要挑剔，想盡一切辦法讓對方接受自己的觀點，但結果可能正如卡內基所說：「你可能贏了辯論，可是你卻輸了人緣。」

　　喜歡爭強好勝的人，即使是善意的玩笑，也會帶有攻擊性，讓對方尷尬，想要拒絕或者盡量避免與其接觸。而這種人也會因為得理不饒人將事態惡化。

　　在上下班的尖峰時段，公車上擠滿了人，由於緊急煞車或者路況不好，人們難免會相互碰撞，如果能彼此體諒就沒事，可是總有一些人得理不饒人，讓事態惡化。

　　一個年輕人在煞車時沒有站穩，撞到了旁邊的老先生。年輕人還沒道歉，老先生就氣急敗壞地說：「這麼大的人了，

幹嘛欺負我這個老頭子呢?太沒有公德心了。」

老先生的話讓年輕人很反感,心裡的愧疚消失得無影無蹤,說道:「老先生,車上人這麼多,我也不是故意的,怎麼說我欺負您呢?」老先生一看對方沒有道歉,更生氣了,說:「現在的年輕人都不學好。一看就知道你不是什麼好東西,沒家教。」

老先生口沒遮攔,終於惹火了年輕人。年輕人氣得要動手,幸好被旁邊的人攔住了,要不然事情不知如何收拾。

這其實是一件再平常不過的事情,如果老先生能夠得饒人處且饒人,不去斤斤計較,就不會和年輕人發生爭執。

不過,生活中這種斤斤計較、得寸進尺的人真的很多。惟有懂得尊重別人的人,才能得到別人的尊重,故意讓人難堪,必定會為之後的人際交往埋下隱患,因此,要有包容的氣度。「海納百川,有容乃大」,生活中,寬容能夠產生奇蹟,減少不必要的損失。其實寬容別人的同時也是在釋放自己。要想有一番作為,眼睛裡就得能容得下「沙子」。

美國加州的某個秋天,兩個頑皮的孩子在森林場裡玩,一時惡作劇,想戲弄住在森林附近的居民,於是點燃了森林裡的落葉,結果引發了大火。在滅火的過程中,有一名年輕的消防員犧牲了。

第五章　掌握換位思考，細節決定成敗

人們發現了縱火的原因後，都非常生氣。市長面對媒體時表示，一定會不惜一切代價抓到那兩個縱火的孩子，讓他們接受最嚴厲的懲罰。犧牲的消防員的母親也接受了採訪，但是和民眾不同，她說：「得知我的孩子離開了我，我很傷心。我很感謝有那麼多正義的人，但我現在想對造成火災的兩個孩子說，你們現在一定很難過，很可能生不如死，作為這個世界上最有資格譴責你們的我，此時只想說，請你們回家吧，家裡還有等著你們的父母，只要你們這樣做了，我會和上帝一起寬恕你們……。」

這位母親的寬容挽救了兩個孩子的生命。在她發表談話之前，縱火的孩子因沒有辦法面對社會輿論的壓力已經決定一起輕生。但他們聽到那位母親的話後，決定不再逃避，要勇敢地面對自己的過錯，於是到警局自首了。

這位母親的寬容讓人敬佩，面對間接害死自己兒子的兇手，她不僅原諒了他們的過錯，還擔心他們的近況，希望他們能夠回到家人的身邊。她的寬容不僅挽救了兩個孩子的生命，還拯救了他們的靈魂。

捫心自問，我們能夠做到這個程度嗎？生活中難免出現摩擦，發生爭執時，寬容些，得饒人處且饒人，不僅替自己留了退路，還會讓你周圍的人為此對你心懷敬意。

當然,「饒人」也要講究語言藝術,說話時要注意方式方法。

國家圖書館出版品預行編目資料

同理力！體察他人需求，成就更好人際關係：
開口前先切換角色，同理對方需求，贏得信任
與認同 / 徐文 著 . -- 第一版 . -- 臺北市：財經錢
線文化事業有限公司 , 2025.03
面；　公分
POD 版
ISBN 978-626-408-179-5(平裝)
1.CST: 人際關係 2.CST: 社交技巧
177.5　　　114001817

電子書購買

爽讀 APP

同理力！體察他人需求，成就更好人際關係：
開口前先切換角色，同理對方需求，贏得信
任與認同

臉書

作　　　者：徐文
責任編輯：高惠娟
發 行 人：黃振庭
出 版 者：財經錢線文化事業有限公司
發 行 者：崧燁文化事業有限公司
E - m a i l：sonbookservice@gmail.com
粉 絲 頁：https://www.facebook.com/sonbookss/
網　　　址：https://sonbook.net/
地　　　址：台北市中正區重慶南路一段 61 號 8 樓
8F., No.61, Sec. 1, Chongqing S. Rd., Zhongzheng Dist., Taipei City 100, Taiwan
電　　　話：(02) 2370-3310　　　傳　　真：(02) 2388-1990
印　　　刷：京峯數位服務有限公司
律師顧問：廣華律師事務所 張珮琦律師

-版權聲明-

本書版權為樂律文化所有授權財經錢線文化事業有限公司獨家發行電子書及紙本書。
若有其他相關權利及授權需求請與本公司聯繫。
未經書面許可，不可複製、發行。

定　　　價：299 元
發行日期：2025 年 03 月第一版
◎本書以 POD 印製